Somos associados da **Fundação Abrinq** pelos direitos da criança. Nossos fornecedores uniram-se a nós e não utilizam mão de obra infantil ou trabalho irregular de adolescentes.

Conta mais, vô!

Copyright by © Petit Editora e Distribuidora Ltda., 2014
1-8-14-4.000

Direção editorial: **Flávio Machado**
Capa, projeto gráfico e editoração: **Estúdio Design do Livro**
Imagem da capa: **Martin Novak | Shutterstock**
Produtor gráfico: **Vitor Alcalde L. Machado**
Revisão: **Maria Aiko Nishijima e
Luiz Chamadoira**
Impressão: **Corprint Gráfica e Editora Ltda.**

**Ficha catalográfica elaborada por
Lucilene Bernardes Longo – CRB-8/2082**

Quesada, Manolo.
  Conta mais, vô! : perguntas curiosas de crianças "antenadas"
no dia a dia / Manolo Quesada. – São Paulo : Petit, 2014.
  184 p.

  ISBN 978-85-7253-276-1

  1. Espiritismo   2. Morte   3. Desencarnação   4. Luto
5. Contos espíritas   I. Título   II. Título : Perguntas curiosas de
crianças "antenadas" no dia a dia.

CDD: 133.9

Direitos autorais reservados.
É proibida a reprodução total ou parcial, de qualquer forma
ou por qualquer meio, salvo com autorização da Editora.
(Lei nº 9.610, de 19 de fevereiro de 1998)
Traduções somente com autorização por escrito da Editora.
Impresso no Brasil, no inverno de 2014.

Prezado(a) leitor(a),

Caso encontre neste livro alguma parte que acredita que vai interessar ou
mesmo ajudar outras pessoas e decida distribuí-la por meio da internet
ou outro meio, nunca deixe de mencionar a fonte, pois assim estará
preservando os direitos do autor e, consequentemente, contribuindo para
uma ótima divulgação do livro.

Manolo Quesada

Conta mais, vô!

Perguntas curiosas de crianças "antenadas" no dia a dia

editora

Rua Atuaí, 389 – Vila Esperança/Penha
CEP 03646-000 – São Paulo – SP
Fone: (0xx11) 2684-6000

www.petit.com.br | petit@petit.com.br

Dedico este livro à minha família; aos que me trouxeram para este planeta, a esta encarnação; aos que se colocaram ao meu lado para este trecho da caminhada; aos que, por meio dos seus próprios compromissos, ofereceram-me a oportunidade de ter como companhia pessoinhas tão maravilhosas quanto eles próprios.

Dedico, em especial, à Marli, esteio e sustentação em todos os momentos. Todos mesmo.

MANOLO QUESADA

Agradeço, à minha companheira Marli, braço esquerdo, direito e mais alguns.

A meus pais, pois sem eles eu não estaria aqui, palestrando, escrevendo...

À casa espírita que me acolheu e escancarou meu horizonte de conhecimentos, Instituição Espírita Seara Bendita.

E um especial agradecimento às minhas lindas e queridas netinhas, que foram as inspirações para produzir este livro.

"(...) procura apresentar-te a Deus, aprovado como obreiro que não tem de que se envergonhar (...)"

Paulo, II Timóteo 2:15

O ESPIRITISMO nos oferece de bandeja tudo de que precisamos para caminhar rumo à nossa destinação final. E nos foi trazido nada mais nada menos do que pelo espírito Verdade, dizendo que o primeiro mandamento é que nos amemos e que nos instruamos é o segundo. Aí vemos as duas asas para evoluirmos: o amor e o conhecimento.

Vejamos que o amor é a moeda universal. Tanto é assim que ela foi colocada por Allan Kardec na máxima do Espiritismo, dizendo-nos: "Fora da caridade não há salvação".

Também nos foi dito por Jesus, quando atendendo ao pedido do doutor da lei, sobre qual era a maneira mais rápida de ganhar a vida eterna, ao pedir que lesse na lei o que ali estava escrito: "amar a Deus sobre todas as coisas e amar ao próximo como a nós mesmos". Vejamos que Jesus, pelas palavras de João, virá um dia para o Julgamento Final. Claro que isso é alegórico, mas Jesus virá, e a sua primeira tarefa será separar as ovelhas e os bodes. As ovelhas ficarão do seu lado direito, e os bodes, do seu lado esquerdo.

Ele dirá às ovelhas: "Vinde a mim, para cá, escolhidos de meu Pai, porque quando eu tive fome me destes de comer, quando estive preso me visitastes, quando estava sem roupa me vestistes e quando estive doente me ofereceste o carinho".

Eles perguntarão: "Ora, Mestre, quando foi que te vestimos quando estavas nu, quando foi que te visitamos na prisão, quando foi que te demos alento quando estavas doente?".

Jesus responderá de maneira muito simples: "Eu digo em verdade que, quando fizestes alguma destas coisas a um desses pequeninos de meu Pai, não foi a eles que o fizeram, foi a mim que fizeram".

Vejam que dificilmente seremos julgados pelo nosso credo, dificilmente seremos julgados pelas nossas posses, dificilmente seremos julgados pelos cargos que ocupamos nesta vida ou em quaisquer outras. Responderemos simplesmente pelo amor que dedicamos ao nosso próximo.

É claro que, como foi dito nessa mensagem, não conseguiremos agradar a todos. É tarefa impossível, visto que nem Jesus o conseguiu, mas esforcemo-nos para manter a nossa individualidade, cooperando na obra maior de Deus, transformando esta humanidade numa única e grandiosa família, que contém seres diferentes, que contém ideias diferentes, que contém pensamentos e ações diferentes, mas que guarda, em seu íntimo, o bem maior, o amor que devemos dedicar a todos os que nos rodeiam.

MENSAGEM PSICOFÔNICA RECEBIDA
NO DIA 23/1/2013.

Sumário

Prefácio, 15

1. A bruxa, 19

2. A dona da fazenda, 29

3. A humanidade é melhor que os seus dirigentes, 37

4. A volta do filho pródigo, 43

5. Aprendendo a dividir, 49

6. Entre cães e pulgas, 57

MANOLO QUESADA

7. FÉRIAS À LUZ DE VELAS, 65

8. TRABALHANDO EM EQUIPE, 73

9. GATINHAS E GATÕES, 79

10. LABIRINTITE?, 89

11. O BÊBADO E A EQUILIBRISTA, 99

12. O CORTE DE CABELO, 109

13. O EFEITO, 117

14. O TRICICLO, 125

15. VISÃO ALÉM DO ALCANCE, 135

16. OS MENSAGEIROS, 143

17. SUICÍDIO, 151

18. UM *TABLET* CHAMADO *IPAD*, 157

19. VÔ, "CÊ" DEIXA EU TE VER?, 163

20. XÔ, PRECONCEITO!, 171

Prefácio

SEJAM TODOS bem-aventurados em nome de Jesus. Nada impede que a vida aconteça em todos os seus sentidos.

Muito se fala, muito se escreve, muito se constrói. É necessário que tenhamos em mente a diversidade das aptidões para que possamos construir o verdadeiro caleidoscópio que a humanidade efetivará em relação ao Espiritismo.

As mídias todas são necessárias, mas a impressa é fundamental, ainda por muito tempo.

As ideias simples, o falar agradável, o escrever com consistência e leveza para difundir as ideias de cunho espiritual são de fundamental importância.

Não existe a necessidade de se escreverem tratados sobre isso ou aquilo. O necessário é que contemos com o dia a dia para que as pessoas, os leitores, consigam perceber os ensinamentos dos espíritos em sua vida. Sem mistérios, sem superstições, sem medo.

O Espiritismo, esclarecedor por si mesmo, será o grande responsável pelo avanço racional e sentimental da humanidade. Permeará toda a sociedade com seus postulados e conceitos.

Para isso faz-se necessária a divulgação por meio de coisas simples, não rebuscadas, a fim de que, no cotidiano, consigamos perceber toda a grandeza da vida. Jesus, nosso Mestre, nos disse que veio para que tenhamos vida em abundância.

Para isso, é necessário deixar de lado o medo e a ignorância e perceber a grandeza que a vida tem.

Para percebermos a vida em toda a sua extensão, faz-se necessário compreender que ela não cessa. Não se desfaz ao simples deixar de respirar, mas continua em outra dimensão, além do visível, mas ainda lado a lado, num percurso que nos levará do átomo ao arcanjo, numa caminhada rumo ao Criador.

Essa tarefa é nossa, de cada um, e será levada a efeito de acordo com o caminhar, com a vontade individual, orquestrada sob a regência universal do Criador, por meio dos ensinamentos enviados pelos seus emissários.

Simplicidade, mudança, coragem!

Sejamos sempre os grandes questionadores de nós mesmos; essa é a única maneira de isso tudo acontecer.

Graças a Deus.

ENOQUE
19/3/2014

A bruxa

— Vô! Vô!

O vô ficou só esperando a "tempestade" irromper sala adentro. Ela já estava no corredor, faltavam poucos segundos para iniciar a maior tempestade de que já tiveram notícia.

De repente, a tempestade materializou-se ali, na frente dele.

— Oi, vô!

O vô ficou só olhando: as faces da netinha estavam vermelhas; o rosto, todo suado, e a pergunta que não queria calar estampada em todo o seu ser:

— Vô... você já conheceu alguma bruxa?

Por essa o avô não esperava. Afinal, bruxas não são assunto de todo dia para uma criança, mesmo para uma criança esperta, inteligente e saudável. Por isso, esperou alguns segundos antes de responder.

— Que tipo de bruxa?

— Tipo? E bruxa tem tipo?

— Claro que tem! Tanto hoje quanto no passado.

— Nossa, vô, por essa eu não esperava...

— Pois é, as coisas não são tão simples quanto parecem. As pessoas generalizam e esquecem que cada pessoa é uma pessoa, e o que ela apresenta hoje não é necessariamente o que apresentou em tempos remotos.

— Vô, por favor, fala de maneira que eu consiga entender? Que história é essa de "tempos remotos"?

— Desculpe, querida, vou trocar em miúdos: tempos remotos são tempos que já passaram... e há bastante tempo!

— Entendi. O que você quer dizer com isso?

— Quero dizer que as bruxas de hoje já não fazem os tais feitiços que esse povo vive dizendo por aí. As bruxas de hoje quase não têm consciência de que um dia já foram chamadas assim.

— Por isso que é difícil encontrar uma?

— Exato. Não se fazem bruxas como antigamente.

O avô ria da própria piada, e muito.

— Vô, está rindo de quê? O que você está escondendo de mim? Será que temos alguma bruxa disfarçada na nossa família?

— Uma só, não: várias!

— Vô, me conta isso direito!

— Vou contar sobre a bruxa que temos na família hoje, só que ela não sabe exatamente o que isso quer dizer e, para falar a verdade, nem eu sei exatamente.

— Nossa, vô. Como assim?

— É que os tempos mudam, e as denominações, os nomes que as pessoas dão a certos fenômenos, também...

— Ah, isso tem a ver com o Espiritismo, pois o Espiritismo explica todas essas coisas, não é?

— Isso mesmo, netinha. Graças ao Espiritismo e ao avanço da humanidade já não cometemos barbaridades como as cometidas durante o tempo da Inquisição.

— O que é essa tal de Inquisição?

— Foi um período de intolerância religiosa dos maiores que a humanidade já presenciou, tudo em nome de Deus.

— Em nome de Deus? Explica, vô.

— Explico, sim. A Igreja dominante na época tinha muito medo de perder as coisas que havia conquistado durante tantos anos, pois depois que se tornou a religião oficial do Império Romano estendeu sua influência por quase todo o mundo, transformando as ideias de Jesus, tão simples, em alguma coisa quase irreconhecível para o povo.

— Como eles conseguiram isso?

— Simplesmente não dando condições para que o povo compreendesse os ensinamentos de Jesus.

— De que jeito?

— Impedindo que o conhecimento fosse partilhado por todos. Não existiam livros em quantidade, e o conhecimento ficava fechado dentro de mosteiros, as missas eram rezadas em latim e as explicações sobre os acontecimentos eram feitas com base em interpretações pessoais de quem queria continuar no poder.

— E essa tal de Inquisi...?

— A inquisição. Ela fazia o policiamento sobre as pessoas. Quem pensasse diferente ou tivesse algum dom que não interessasse à Igreja era tachado de herege e adepto do demônio.

— Nossa, vô! E o que acontecia com esse povo?

— Era preso, julgado e, muitas vezes, queimado na fogueira.

— Que horror, vô! E isso aconteceu com alguém que você conhece?

— Aconteceu.

— Como você ficou sabendo?

— Certo dia, uma de suas tias contou que tinha medo de fogo, não gostava nem de brincar com isqueiro que ficava muito mal. Quase que imediatamente começaram a aparecer imagens sobre ela de um tempo muito distante.

— Que imagens, vô?

— Imagens de uma cidade chamada Barcelona, um noviço correndo pelos campos da cidade, correndo muito, muito mesmo.

— Nossa, vô, por que ele corria tanto?

— Ele trazia documentos que impediriam que ela fosse queimada na fogueira.

— Na fogueira, vô?

— É, na fogueira mesmo. Ela estava sendo executada pela Inquisição, e os documentos que ele trazia a livrariam desse tormento...

— Nossa, vô, e aí? Conta logo...

— Ele corria e corria muito, como já falei, estava quase entrando na praça principal quando começou a ouvir os gritos de terror que a amiga soltava garganta afora, horrorizada pelo que estava acontecendo.

— Ele conseguiu, vô? Conseguiu chegar e salvar a moça?

— Ele se esforçou muito, mas não conseguiu, não, netinha...

— Que pena, vô...

— Uma pena mesmo! A moça foi queimada na fogueira, os documentos não conseguiram ser entregues e o noviço ficou desesperado.

— As visões acabaram, vô?

— Acabaram, sim, e aí pude entender uma coisa que não conseguia antes disso.

— Que coisa, vô?

— Antes de sua tia nascer, eu fui consultado na espiritualidade sobre a possibilidade de ela reencarnar... e aceitei trazê-la para reencarnar em nossa casa.

— Nossa, vô, que lindo!

— Depois dessa visão entendi por que eles me consultaram. Eles queriam saber se eu estava em condições de receber em minha casa essa "bruxa" que havia sido queimada em Barcelona, e aceitei com todo o meu coração e amor.

— Então, isso quer dizer que você era o tal noviço, vô?

— Era sim. E não consegui salvá-la, apesar de todo o esforço que fiz naquela época.

— Ela não teve nenhuma encarnação depois disso, só esta agora?

— Acredito que ela tenha tido, sim, mas devem ter sido reencarnações preparadas para que ela percebesse que aquele momento já havia passado e que ela poderia recomeçar a viver, mas com certeza ela não tinha completo domínio de si mesma.

— Como assim, vô?

— É... Uma reencarnação em que ela tenha vindo com alguma deficiência de entendimento, suficiente para que passasse encarnada e, ao mesmo tempo, pudesse ser auxiliada pelos amigos da espiritualidade em relação ao trauma que ela carregava desde então.

— Entendi...

— Eu ainda não, mas me sinto tranquilo, pois fiz tudo o que estava ao meu alcance, tanto lá quanto cá.

— É isso aí, vô!

— É isso aí, netinha...

Necessidade da encarnação[1]

São Luís — Paris, 1859

Será a encarnação uma punição e somente os espíritos culpados estão sujeitos a ela?

A passagem dos espíritos pela vida corporal é necessária para que possam cumprir, por meio de ações materiais, os planos cuja execução Deus lhes confiou. Isso é necessário para eles mesmos, pois a atividade que estão obrigados a desempenhar ajuda o desenvolvimento da sua inteligência. Deus, sendo soberanamente justo, considera igualmente todos os seus filhos. É por isso que Ele dá a todos um mesmo ponto de partida, a mesma capacidade, *as mesmas obrigações a cumprir e a mesma liberdade de ação*. Qualquer privilégio seria uma

---

1. *O Evangelho Segundo o Espiritismo*, cap. 4 — Ninguém pode ver o reino de Deus se não nascer de novo. São Paulo: Petit, 2013.

preferência e qualquer preferência, uma injustiça. Mas a encarnação é para todos os espíritos apenas um estado transitório. É uma tarefa que Deus lhes impôs no início de sua vida, como primeira prova do uso que farão de seu livre-arbítrio.[2] Aqueles que cumprem essa tarefa com zelo vencem mais rapidamente e de maneira menos aflitiva esses primeiros degraus da iniciação e colhem mais cedo os frutos de seu trabalho. Aqueles que, ao contrário, fazem mau uso da liberdade que Deus lhes concede retardam seu adiantamento, e é assim que, pela sua teimosia, podem prolongar indefinidamente a necessidade de reencarnar, e é quando então ela se torna um castigo. (...)

---

2. Liberdade da pessoa em escolher as suas ações.

A dona da fazenda

O VOVÔ ESTAVA muito quieto, sentado em sua poltrona favorita, parecia dormir, mas estava só observando a chegada da netinha caçula. Ela vinha devagar, pé ante pé, provavelmente para assustá-lo. Quando a neta estava bem pertinho, o vovô abriu os olhos e disse bem alto:

— Buh!
— Ô, vô! Que susto!
— Se eu não a assustasse você é que iria me assustar, não é?

Os dois caíram na gargalhada, afinal era aquilo mesmo, um assustando o outro, e assim por diante.

— Que há de novo? — perguntou o avô.
— De novo, novo, nada.

— E por que estava andando tão devagarzinho?

— Para assustá-lo, ué, você sabia!

— Saber eu sabia, mas não tem mais nada?

— Acho até que tem. Lembra a história da bruxa que você contou?

— Lembro, sim.

— Então, fiquei pensando se não tinha mais nada parecido na nossa família.

— Parecido, não, mas existem outras histórias que podem ser contadas.

— E por que não começou a contar ainda?

— É que eu ando meio lerdinho, mas vamos começar. Teve um tempo em que uma das minhas filhas trabalhava com uma prima, lá naquele conjunto empresarial na Rua Estela, perto do Paraíso.

— Esse Paraíso é um bairro, não é, vô?

— Isso mesmo, pertinho da avenida Paulista, muito próximo da avenida 23 de Maio[3]...

— *Tá*, agora não perde tempo não e conta.

— Pois bem, uma vez por mês a filha pedia para que eu fosse buscar a cesta básica que ela recebia da empresa, e lá ia eu.

— Por que tinha de ser você, vô?

— É que eu trabalhava em casa, tinha horários livres e podia ir sem atrapalhar o trabalho.

---

3. Avenida Paulista e avenida 23 de Maio são importantes vias da cidade de São Paulo. (Nota do Editor)

— Ah...

— Eu pegava o carro da outra filha e ia até lá. Subíamos até o andar onde ela trabalhava, pegávamos a cesta básica e voltávamos para casa.

— A cesta era muito pesada, vô?

— Na verdade, não, mas o peso aumentava à medida que o tempo ia passando porque as coisas são assim mesmo. Por mais leve que seja o fardo, o tempo faz com que ele fique mais pesado pelo nosso desgaste físico e...

— Quer dizer que temos de nos livrar logo dos pesos da nossa vida?

— Isso, exatamente isso. Se nós não nos livramos dos pesos da vida, eles aumentam, e fica mais difícil carregá-los.

— Entendi.

— Netinha, você está ficando muito esperta mesmo! Vamos continuando e pare de me interromper! — falou o vovô fazendo cara de bravo.

— Tá bom, vô...

— Você sabe que essa sua tia tem um gênio de fazer inveja a qualquer um, não é? Pois bem, ela anda sempre meio mal-humorada, parece até que a vida é terrível para ela.

— Nossa, vô! Eu não acho tudo isso, não. De vez em quando só que ela está mal-humorada.

— *Tá*, pode ser que eu esteja exagerando, mas o que importa é que nesse dia eu entendi o porquê.

— Entendeu o porquê do mau humor dela?

— É verdade, eu descobri que ela tem esse mau humor por um motivo muito interessante...

— Conta, vô, conta logo!

— Pois bem, descemos até o estacionamento, tínhamos de sair por lá, porque era sábado — se não me engano —, e a portaria não funcionava.

— E aí, vô?

— No caminho, tive uma visão muito interessante do nosso relacionamento anterior.

— Como assim, vô? Relacionamento anterior?

— É, coisas de outras encarnações, igual à da bruxa... lembra?

— Claro, é que eu pensei em outras coisas: namoro, marido e mulher, coisas assim.

— Não, o nosso relacionamento nessa época era profissional mesmo.

— O que era, vô?

— Deixe-me contar a você da visão. Vi um grande campo e, tanto eu quanto ela, vestidos com roupas de fazenda, num tempo muito longe.

— Como ela estava vestida, vô?

— Ela estava com um vestido bem comprido, todo rodado, tinha luvas brancas, o cabelo todo enrolado dentro de um chapéu com fita e uma sombrinha...

— o vovô buscava na memória as lembranças.

— Sombrinha? O que é sombrinha, vô?

— Sombrinha é um tipo de guarda-chuva, só que pode ser usado para nos proteger do sol.

— Ah! Ela não queria ficar queimadinha, que nem a outra da fogueira, né, vô? Brincadeirinha...

— De mau gosto, diga-se de passagem.

— Desculpa, vô, eu sei que o caso da bruxa foi sério, muito sério.

— *Tá*, desta vez passa.

— Continua, vô. Como é que você estava?

— Cansado, muito cansado, porque na visão eu também estava carregando um fardo muito pesado e era muito mais velho que agora.

— Nossa, vô!

— Tenho a impressão de que eu era empregado dela, desses que carregam as coisas para os patrões, quase um escravo.

— Como é que você estava vestido?

— Eu estava com um chapéu desses que parecem de tocador de boiada, uma camisa xadrez simplesinha, botinas e calça com um cordão de barbante grosso, como se fosse um cinto.

— Ô coisinha brega, hein, vô?

— Põe brega nisso. O modelito era de arrepiar! Foi aí que percebi que ela era dona de fazenda e eu era empregado dela. Não éramos parentes, éramos patroa e empregado.

— Será que é por isso que ela está quase sempre de mau humor?

— Pode ser a prova da riqueza. É muito difícil, mas a da pobreza também.

— Será que ela gostava mais de ser rica do que ser pobre?

— Quase todos pensam dessa forma, mas esquecem que tudo é necessário e que precisamos aproveitar as experiências da melhor maneira possível.

— Por quê, vô?

— Porque senão a experiência, uma coisa que é oferecida para que nós melhoremos os relacionamentos, as atitudes, as posturas diante da vida que não são aproveitadas ficam sem razão de ser, nos obrigando a outras experiências pelas quais talvez não sejam tão fáceis de passar.

— Quer dizer que temos de aproveitar senão piora?

— Eu não diria que piora, mas pode piorar. Pode ser outra prova que nos deixe mais chateados ainda.

— É... não é fácil, não.

— Mas não é impossível, o que temos de fazer é aproveitar as oportunidades e transformá-las em alavancas que nos farão progredir.

— É verdade. Tomara que eu consiga aproveitar as oportunidades.

— Tomara...

OS LAÇOS DE FAMÍLIA SÃO FORTALECIDOS PELA REENCARNAÇÃO E ROMPIDOS PELA UNICIDADE DA EXISTÊNCIA[4]

Os laços de família não são destruídos pela reencarnação, tal como pensam algumas pessoas. Ao contrário, são fortalecidos e entrelaçados. O princípio oposto, sim, é que os destrói.

Os espíritos formam no espaço grupos ou famílias, unidos pela afeição, simpatia e semelhança de tendências. Esses espíritos, felizes por estarem juntos, procuram-se. A encarnação apenas os separa momentaneamente, pois, após sua volta à erraticidade[5], reencontram-se como amigos que retornam de uma viagem (...)

---

4. *O Evangelho Segundo o Espiritismo*, cap. 4 – Ninguém pode ver o reino de Deus se não nascer de novo. São Paulo: Petit, 2013.

5. Erraticidade: tempo que o espírito fica no plano espiritual entre uma encarnação e outra.

(...) Os que estão livres preocupam-se com aqueles que estão encarnados, cativos da carne. Os mais adiantados procuram fazer progredir os que se atrasam. Após cada existência, terão dado mais um passo na busca da perfeição. Cada vez menos ligados à matéria, seu afeto é mais vivo, por isso mesmo mais puro, e não é mais perturbado pelo egoísmo, nem pelo arrastamento das paixões. Podem, assim, percorrer um número ilimitado de existências corporais sem que nada afete sua mútua afeição (...)

A humanidade é melhor que os seus dirigentes

CERTA MANHÃ, o mundo foi surpreendido por uma notícia das mais tristes. O presidente dos Estados Unidos, Barack Obama, estava sendo acusado de ter invadido milhares de domicílios e espionado praticamente todo o mundo, simplesmente para manter a segurança do seu país em níveis elevados de satisfação.

O avô ficou sem saber o que fazer, afinal era um dos entusiastas do presidente norte-americano. Vibrara com sua eleição e, de novo, com a reeleição.

Ele parecia meio chateado. Uma das netas, a do meio, estava chegando da escola e percebeu o estado lastimável em que o velhinho estava.

— O que foi, vô? Está chateado?

— Até que estou um pouco, sim.

— O que aconteceu? Te aprontaram alguma?

— Não só para mim, mas para muita gente...

— Ave! A coisa foi grave então?

— Bastante!

— Me conta, vô...

— O Barack aprontou uma das boas e acabou com a confiança que eu tinha nele...

— O Obama?

— Esse mesmo.

— O que é que ele aprontou agora?

— Imagine que, para garantir a segurança do país dele, espionou quase que todo o mundo, inclusive as caixas de *e-mail* de pessoas que não têm nada contra os Estados Unidos, uma invasão de privacidade sem precedentes no mundo.

— Nossa, vô, o que é esse tal "sem precedentes no mundo"?

— Quer dizer que nunca tivemos nada igual antes, nem na Guerra Fria.[6]

— Affff!

---

6. Conflito marcado por disputas entre os Estados Unidos e a antiga União Soviética, visando a maior poderio político e militar sobre as diferentes partes do mundo. Esse período se estendeu desde o término da Segunda Guerra Mundial, em 1945, até a extinção da União Soviética, em 1991. (N.E.)

— Pois é. Tudo em nome do Estado, em nome de uma segurança que poderia ter colocado em insegurança bilhões de pessoas.

— O pior, né, vô, é que o senhor falava tão bem dele, que ele era isso, era aquilo... e agora?

— Agora já não sei. Não pode ser tão boa assim uma pessoa que coloca os interesses de um país tão acima da humanidade; dá a impressão de que o resto da humanidade não vale absolutamente nada.

— Mas nós valemos... e muito!

— É isso mesmo, netinha. A humanidade é melhor que os seus dirigentes. Afinal, pensamos em solidariedade cada vez que vemos catástrofes pelo mundo. Nós nos solidarizamos com os irmãos de qualquer país, sem ficarmos preocupados com o regime político ou coisa parecida. Na hora H, o que importa mesmo é saber que os irmãos em humanidade são todos filhos de Deus, iguaizinhos a nós.

— Ainda bem que pensamos dessa forma, seria muito triste ter de escolher entre esse ou aquele para oferecer a solidariedade.

— É isso mesmo, não é coisa que a gente necessite fazer, não.

— O que você acha que vai acontecer agora? Vai todo mundo querer saber o que aconteceu e por quê.

— Claro que sim, mas tenho a impressão de que os interesses comerciais acabarão falando mais alto e que tudo acabará em "pizza", uma grande pizza internacional...

— Também acho, vô...

— Mas, olhe, aqui, vamos deixar isso de lado, vamos tratar da nossa vida e lembrar sempre que somos realmente melhores que os nossos dirigentes.

FORA DA CARIDADE NÃO HÁ SALVAÇÃO[7]

PAULO, APÓSTOLO — PARIS, 1860

Meus filhos, *fora da caridade não há salvação* é o ensinamento moral que contém a destinação dos homens, tanto na Terra quanto no Céu. Na Terra, porque à sombra dessa bandeira viverão em paz; no Céu, porque aqueles que a tiverem praticado encontrarão graça diante do Senhor. Este símbolo é a luz celeste, a coluna luminosa que guia o homem no deserto da vida para conduzi-lo à Terra da Promissão; e brilha no Céu como uma auréola santa na fronte dos eleitos e, na Terra, está gravada no coração daqueles a quem Jesus dirá: *passai à direita, vós, os abençoados de meu Pai*. Vós os reconhecereis pelo perfume de caridade que espalham ao seu redor. Nada exprime melhor o pensamento

---

7. *O Evangelho Segundo o Espiritismo*, cap. 15 — Fora da caridade não há salvação. São Paulo: Petit, 2013.

de Jesus, nada resume melhor os deveres do homem do que este ensinamento moral de ordem divina. (...)

A volta do filho pródigo

— BOM DIA, VÔ! — disse a netinha, maiorzinha de todas, com ar de preocupação.
— Bom dia, netinha. Está preocupada com alguma coisa?
— Eu gostaria de saber um pouco sobre o que é "filho pródigo".
— Posso saber o porquê?
— Claro, vô. É que ouvi esta frase outro dia: "voltou como o filho pródigo", e fiquei querendo saber o que isso tem a ver com a vida da gente.
— Interessante. Essa expressão é usada devido a uma história que Jesus contou aos seus apóstolos.
— E trata do quê, vô?

— Trata de dois irmãos, um pai e uma série de questões relacionadas com a humanidade, de maneira geral...

— Tudo bem, vô, mas você fala de um jeito que eu entenda?

— Claro que sim, do contrário não adianta nada eu contar e você não entender.

— Então conta...

— Jesus, quando esteve entre nós, contou várias histórias, e essa é uma delas. Vamos lá: um senhor tinha dois filhos, um deles chegou e pediu a parte dele da herança.

— Herança?

— É... Um direito que os filhos têm sobre o dinheiro dos pais depois que eles desencarnam, ou em vida, se entrarem em um acordo.

— Ah! Entendi. Continua, vô!

— O pai deu o dinheiro para ele. Em seguida, o rapaz foi embora, pois queria aproveitar a mocidade e conhecer o mundo, só que ele passou por situações pelas quais não esperava, encontrou a fome, gastou o dinheiro com mulheres, bebidas e, um dia, o dinheiro acabou.

— Nossa, vô! Acabou tudo?

— Acabou tudo, ele ficou sem nada, não tinha dinheiro nem para comer.

— O que ele fez então? — perguntou a netinha com a testa franzida.

— Tentou arrumar um emprego, pois tinha vergonha de voltar para a casa do pai naquele estado.

— Ele conseguiu, vô?

— Conseguir ele conseguiu, mas o emprego não era dos melhores. Ele arrumou emprego de tratador de porcos e, pior ainda, só podia comer o que sobrava da alimentação dos animais, as tais alfarrobas...

— Alfarrobas? Essa é danada! O que é isso?

— É uma espécie de vagem, como a do feijão. Eles davam isso para os porcos pelo seu valor nutritivo.

— Legal...

— Só que ele foi percebendo que tinha errado feio ao sair da casa do pai dele. Estava sem dinheiro, sem ter onde morar e, ainda por cima, comendo a comida que sobrava dos porcos que ele alimentava.

— E o que ele fez, vô?

— O que qualquer pessoa normal faria: percebeu o erro, tratou de colocar o orgulho em seu devido lugar e voltou ao lar paterno, para que o pai dele o empregasse como um trabalhador comum na sua propriedade...

— Será que o pai dele ia aceitar isso, depois de tudo o que ele fez?

— Aceitou, e mais: ficou supercontente com a volta do filho.

— Não me diga?!

— Verdade. O pai mandou fazer uma grande festa para recepcionar o filho que estava de volta, mais maduro, mais consciente do seu papel e mais agradecido pelos benefícios que tinha em casa.

— Nossa, vô! Mas ainda não entendi o porquê da expressão "voltou como o filho pródigo".

— Como voltou o filho da história de Jesus?

— Sem dinheiro, cansado e querendo um trabalho.

— Pois é isso mesmo, ele voltou sem dinheiro porque foi pródigo, ou seja, gastou demais e ficou sem dinheiro nenhum.

— Quer dizer que todo mundo que fica parecido com o filho pródigo é porque voltou sem dinheiro e arrependido?

— É isso mesmo. O importante de tudo é entender que não importam os erros que tenhamos cometido, as faltas que teremos de reparar, o importante é confiar no pai, pois ele nos dá sempre as chances de que precisamos para retornar ao lar e continuar com o carinho dessa grande família chamada humanidade.

— Na nossa família teve algum caso parecido com esse?

— Toda família tem, em maior ou menor grau, e devemos agir como o pai da história de Jesus: receber de coração aberto os que voltam ao nosso convívio, não importando os erros que eles tenham cometido.

— Valeu, vô...

— Valeu, netinha...

A ingratidão dos filhos e os laços de família[8]

Santo Agostinho — Paris, 1862

(...) De todas as provas, as mais difíceis são aquelas que afetam o coração; há os que suportam com coragem a miséria e as privações materiais, mas abatem-se sob o peso dos desgostos domésticos, esmagados pela ingratidão dos seus. Que angústia terrível! Mas o que pode, nessas situações, reerguer a coragem moral senão o conhecimento das causas do mal e a certeza de que, se há longas discórdias, não há desesperos eternos, porque Deus não quer que a sua criatura sofra para sempre. O que há de mais consolador e mais encorajador do que o pensamento de que depende só de si mesmo, de seus próprios esforços, abreviar seu

---

8. *O Evangelho Segundo o Espiritismo*, cap. 14 – Honrai vosso pai e vossa mãe. São Paulo: Petit, 2013.

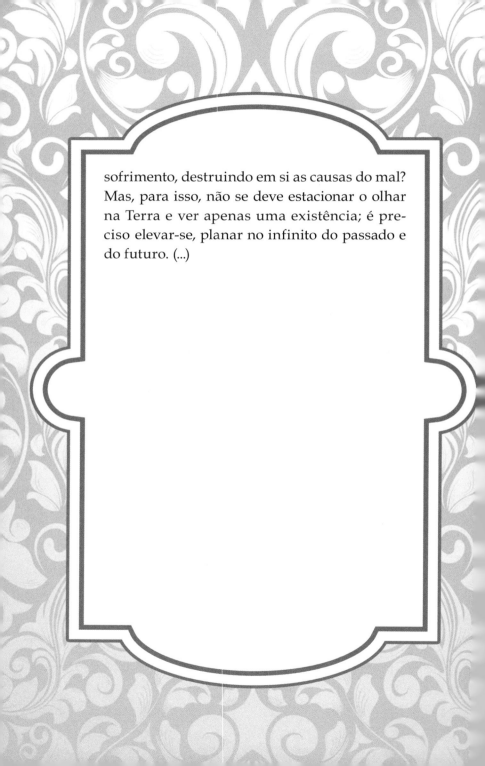

sofrimento, destruindo em si as causas do mal? Mas, para isso, não se deve estacionar o olhar na Terra e ver apenas uma existência; é preciso elevar-se, planar no infinito do passado e do futuro. (...)

Aprendendo a dividir

— Bom dia, vô!
— Bom dia, netinha!
— Vô, me fala uma coisa: o que a gente está fazendo neste mundo?
— Menina, que pergunta! Não tem uma mais fácil, não?
— Deixa de brincadeira, vô, e trata de responder — respondeu a netinha do meio.
— Bom, tenho algumas ideias sobre isso. A primeira é aquela que Jesus nos disse: estamos aprendendo a amar...
— Aprendendo a amar? Eu amo meu pai, minha mãe, minhas primas, você, a vó... Está bom?

— É um bom começo. A gente começa sempre pelos próximos mais próximos, e a ideia é que tenhamos coragem para aumentar esse círculo virtuoso.

— Círculo virtuoso? O que é isso?

— Círculo virtuoso é o círculo do bem, das coisas boas que podemos fazer e mostrar, assim os outros podem ver e fazer igual, ou melhor...

— Legal, mas como é que podemos aumentar esse tal "círculo virtuoso"?

— Bom, cada um encontrará a sua maneira de fazer. Isso quer dizer que não existe receita pronta, não é como fazer um bolo que você mistura os ingredientes na proporção certa e o bolo fica gostoso, fofinho e pronto; é preciso tempo, é preciso vontade e, principalmente, persistência.

— Nossa, vô, pensei que fosse mais fácil, que a gente tirava de letra.

— Podemos tirar de letra, sim, mas devemos nos esforçar e ir amando a todos à medida que já conseguirmos, sem deixar de oferecer um centavo de amor, um centímetro de carinho, uma milha de boa vontade...

— Como é que você está fazendo?

— Eu também estou aprendendo, e confesso que devagar, bem devagar...

— Por que devagar?

— Tem coisas que eu ainda não consigo dividir, mas já dividi muita coisa e nem fiquei pior por causa disso.

— Por exemplo, vô?

— Vamos começar do comecinho, quando eu era criança...

— O que você dividiu quando era criança?

— Eu dividia a cama com meus pais, nunca tive uma cama só minha. Eu dormia sempre com alguém, primeiro dormi com meus pais...

— Mas é normal isso... ou não?

— Era normal, pela época em que vivi, hoje nem tanto. As crianças têm um quarto separado, camas separadas, armários separados, enfim... tudo só pra elas.

— É quase isso mesmo, vô. Eu mesma tenho um quarto meu e tudo o mais que você falou.

— Viu?

— Até aí tudo bem. O que mais?

— Bom, depois que mudamos de casa, lá pelos anos 1960, deixei de dormir com meus pais e fui dormir com meus irmãos. Tínhamos um quarto a mais, em compensação ficávamos todos em uma cama só, os meninos em uma, as meninas em outra. Era um salseiro! Briga para todo lado...

— Imagino!

— Até que os irmãos foram casando, e eu, ficando com um pouquinho mais de espaço. Ficamos um irmão e eu.

— Nossa, vô! E você achava bom?

— Claro, sobrava muito mais espaço.

— É verdade.

— A coisa melhorou quando mudamos para a casa que era da minha irmã. Lá havia os quartos e uma sala com sofá, a minha irmã preferia dormir na sala, e eu e meu irmão, no quarto, cada um em uma cama. Foi um avanço muito grande.

— Nossa, vô, você nunca teve um quarto só seu?

— Nunca, mas me deixe terminar...

— Termine.

— Passado algum tempo, o meu irmão comprou a casa. Ele ia casar, e o terreno era grande e construíu uma casa nos fundos, com quarto, sala, cozinha e banheiro...

— Seus pais no quarto, você na sala... acertei?

— Quase, a ideia era essa mesmo. Só que não deu certo.

— Por quê, vô?

— A minha irmã mais velha teve uma série de problemas com o marido e foi morar conosco. Lá se foi a minha sala... e, pior, ela roncava direto, eu nem conseguia dormir direito.

— E aí, vô?

— Aí que foi uma provação, era ronco toda noite, eu mal conseguia dormir, começava o dia já nervoso.

— Imagino...

— Mas tudo passa. O tempo passou também e, depois, meu pai comprou uma casa, em outra rua, e lá fomos nós outra vez. Mudança e mais mudança...

— Agora você vai ter o quarto. Ou não?

— Não, a minha irmã foi a escolhida, mas fiquei com a sala só para mim.

— Menos mal, né, vô?

— É verdade, assim fui dividindo e nunca mais tive alguma coisa que fosse só minha, casa, quarto, esposa...

— Como assim, esposa?

— Claro, depois que casei com sua avó, o quarto era dos dois, dividido, vieram os filhos e dividi a esposa, que passou a ser mãe. Percebeu?

— Nossa... é verdade, vô!

— É por isso que digo que a gente vem para aprender a dividir. A gente não gosta muito, mas a vida vai nos ensinando, vai nos propondo algumas mudanças, e a gente aceita ou não. Aceitar ainda é a melhor solução, pois quem não aprende a dividir fica sozinho.

— É mesmo, e ficar sozinho não é muito bom...

— Não é mesmo. É uma coisa muito triste, por isso, apesar de tudo, ainda é preferível dividir, mesmo porque, quando a gente divide, o peso fica menor. As pessoas nos ajudam a carregar.

— Verdade, vô.

Bem e mal sofrer[9]

Lacordaire — Havre, 1863

Quando Cristo disse: *Bem-aventurados os aflitos, pois deles é o reino dos Céus*, não se referia àqueles que sofrem em geral, pois todos os que estão na Terra sofrem, estejam num trono ou na extrema miséria. Mas poucos sabem sofrer, poucos compreendem que somente as provas bem suportadas podem conduzir o homem ao reino de Deus. O desânimo é uma falta. Deus vos recusa consolações se vos falta coragem. A prece é a sustentação para a alma, mas não é suficiente: é preciso que se apoie sobre uma fé viva na bondade de Deus. Jesus vos disse muitas vezes que não se colocava um fardo pesado sobre ombros fracos, e sim que o fardo é proporcional às forças, como a

---

9. *O Evangelho Segundo o Espiritismo*, cap. 5 — Bem-aventurados os aflitos. São Paulo: Petit, 2013.

recompensa será proporcional à resignação e à coragem. A recompensa será tão mais generosa quanto mais difícil tiver sido a aflição. Mas é preciso merecer a recompensa e é por isso que a vida está cheia de tribulações. (...)

Entre cães e pulgas

A SALA ESTAVA meio às escuras. O avô estava meditando sobre alguns fatos do passado, passado bem distante, tão distante quanto ele estava naquele momento. A sua memória o levou até um fato muito interessante, e a idade dele nesse episódio devia ser, mais ou menos, dez anos.

Dez anos não era muito mais do que tinha a neta perguntadeira que acabara de chegar e pôs fim à "meditação".

— Que cara é essa, vô?
— Como assim, "que cara é essa"? A minha cara de sempre, alguns dias mais velho, é claro!
— Parecia que você estava longe, muito longe...

— Eu estava mesmo, estava há mais ou menos cinquenta anos longe daqui.
— Como assim? Cinquenta anos-luz?[10]
— Não é para tanto. Cinquenta anos mesmo, estava lembrando um fato muito interessante que me aconteceu quando eu tinha mais ou menos dez anos de idade.
— Conta para mim que eu quero ver se era interessante mesmo.
— Vou contar, sim, afinal quem mais gosta de ouvir minhas histórias?
— Todo mundo gosta, vô... principalmente suas netas!
— Você sempre gentil, obrigado. Mas vamos lá... esse fato aconteceu mais ou menos em 1962. Naquele tempo, era muito comum as famílias se reunirem em mutirão para arrumar alguma coisa.
— Mutirão? Hoje também tem mutirão, era a mesma coisa?
— A ideia é a mesma, mudam os objetivos. O mutirão daquela época era para fazer alguma coisa entre vizinhos, família, essas coisas. Hoje em dia, o mutirão é mais amplo, mais abrangente, ajudam-se mais pessoas.

---

10. Medida de comprimento, com valor aproximado de 10 trilhões de quilômetros, utilizada para medir distâncias no espaço cósmico. (N.E.)

— Está certo. Continue, vô, continue com a história.

— Pois bem, estava todo mundo na casa da minha irmã, porque tinha um barranco enorme no quintal dela, um barranco muito grande e tinham de tirar a terra para deixar o terreno todo no mesmo nível...

— Para que, vô?

— Porque as crianças poderiam brincar melhor, sem tanto perigo de cair. Minha irmã tinha duas filhas, e era preciso tomar cuidado com elas.

— Bom, criança em primeiro lugar! — disse a pequena rindo.

— É bem assim. Eu também era criança, mas maior que elas. Meu pai estava ajudando a tirar o barranco, cavoucava a terra, derrubava aquilo tudo, e o pessoal ia tirando de lata em lata para uma depressão que havia em frente à casa. Isso levava um tempão.

— Também, vô, de lata em lata, é bem devagar mesmo...

— Era mesmo. O meu pai fumava e estava sem cigarros. Ele fumava muito mesmo, e isso o prejudicava muito, principalmente para respirar. Pediu para que meu irmão e eu fôssemos comprar cigarros para ele. Nesse dia, um amigo meu, da minha classe da escola, estava lá com a gente.

— E estava ajudando?

— Na verdade, não, nem eu estava ajudando; estávamos só olhando.

MANOLO QUESADA

— Por isso seu pai pediu para você ir à venda comprar os cigarros, para você fazer alguma coisa...
— Nossa, você está sem graça hoje, né?
— É brincadeirinha! Conta mais, vô!
— Então pegamos o dinheiro e saímos para a venda, que era um pouco longe, e tínhamos de andar bastante.
— O seu amigo foi junto?
— Foi, sim. Fomos meu irmão, meu amigo e eu. Logo que saímos de casa encontramos um senhor chamado Luiz. Ele tinha dois cachorrinhos e estava passeando com eles. De repente, os cachorros se enroscaram um no outro, pelas correntes.
— E aí, vô?
— Aí que ficou uma situação muito engraçada, e eu brinquei falando que as pulgas poderiam passar de um para o outro pelas correntes e caí na gargalhada.
— E o homem?
— Ficou uma fera, falou um monte para mim, que eu era um moleque, que eu é que tinha pulgas, que os cachorros eram muito limpos, coisas do tipo.
— E você?
— Eu fiquei sem graça, sem saber o que fazer.
— E os outros?
— Pensei que meu irmão fosse me defender, mas o que ele fez me deixou pior ainda.
— O que foi que ele fez, vô?

— Me deu um tapa. Um tapa não, deu vários tapas na cabeça e ficou pedindo desculpas para o homem.

— Ele tinha de ficar do seu lado, não é mesmo, vô?

— Eu achava isso também, mas ele me deu foi vários tapas na cabeça.

— E o seu amigo?

— Ficou bem quieto, a coisa não era com ele, acho que ele se inspirou em Pilatos.

— Quem é esse, vô?

— É um personagem da história que disse que não era com ele e lavou as mãos. Mais tarde você compreenderá.

— Nossa, vô! Você não fez nada?

— Fiz, quando cheguei a casa, contei tudo para meu pai.

— E o que ele fez?

— Chamou o meu irmão e perguntou o que tinha acontecido. O meu irmão contou a história do jeito dele, nem mencionou os tapas, só falou que eu tinha sido mal-educado com o homem, e por isso ele passou uma vergonha tão grande que não sabia onde se esconder, tudo por minha causa. Pedi ajuda para o meu amigo e, novamente, ele ficou de fora, disse que não viu nada. Chorei o dia todo, ninguém acreditou em mim, só por que eu era criança.

— Nossa, vô, você guardou isso por muito tempo dentro de você?

— O pior é que guardei, fiquei sem falar com o meu amigo por um tempão, achei que ele foi de uma omissão imperdoável, mas o tempo acabou fechando as feridas.

— Nossa, vô, feridas? Que dramático!

— Exagero meu, as coisas entraram em seus eixos pouco tempo depois. Eles sempre me trataram bem, sempre que podiam me agradavam com presentes e assim por diante. Esse meu irmão e eu éramos muito unidos, e ainda somos, nos amamos muito.

— Ainda bem, vô. Não gostaria que você tivesse sofrido uma vida inteira por causa de uma bobagem dessas.

— Bobagem? Queria ver se tivesse sido com você.

— É brincadeirinha, vô... eu sei que a dor só dói em quem sente.

— Ainda bem.

A indulgência[11]

Dufêtre, bispo de Nevers — Bordeaux

(...) Meus caros amigos, sede severos para convosco e indulgentes para com as fraquezas dos outros. Esta é uma prática da santa caridade que poucas pessoas observam. Todos vós tendes más tendências a vencer, defeitos a corrigir, hábitos a modificar. Todos vós tendes um fardo mais ou menos pesado do qual vos deveis livrar para subir o cume da montanha do progresso. Por que havereis de ser observadores tão exigentes para com o vosso próximo e tão cegos em relação a vós mesmos? Quando cessareis de perceber no olho de vosso irmão o argueiro, o cisco que o fere, sem ver no vosso a trave que vos cega e vos faz caminhar de queda em queda? Acreditai nos espíritos, vossos

___

11. *O Evangelho Segundo o Espiritismo*, cap. 10 — Bem-aventurados os que são misericordiosos. São Paulo: Petit, 2013.

irmãos: Todo homem muito orgulhoso, por se julgar superior, em virtudes e em méritos, aos seus irmãos encarnados, é insensato e culpado, e Deus o julgará por isso no dia da Sua justiça. (...)

Férias à luz de velas

— Vô, A MAMÃE me disse que vamos passar férias num cruzeiro. O que é cruzeiro?

— É uma viagem de navio, ele vai parando em alguns portos, as pessoas se divertem, conhecem alguns lugares e assim por diante.

— Dentro do navio tem alguma coisa para fazer?

— Tem muitas atividades, pois os organizadores sabem que as pessoas precisam ficar fazendo alguma coisa para não sentirem saudade nem ficarem entediadas.

— Isso quer dizer que não vão dar sossego para a gente?

— Mais ou menos, atividades durante praticamente todo o dia.

— Sem intervalo?

— Eles colocam alguns intervalos para que as pessoas possam descansar e colocar a correspondência em dia, ligar para a família, entrar na internet e assim vai.

— Legal, vô! Você já passou férias em um cruzeiro?

— Não, ainda não tive essa oportunidade, mas deve ser bem legal.

— Se você tivesse oportunidade de ir, iria num cruzeiro?

— Com certeza, adoro o mar e me sentiria muito à vontade, conheceria mais pessoas ainda e me divertiria muito.

— Quando você tinha a minha idade, onde passava as férias?

— Eu não tinha uma programação de férias como você tem hoje. As coisas eram mais simples.

— Mas você tinha férias, ou não?

— Tinha, sim, mas normalmente não ia para lugar algum, ficava em casa mesmo.

— Como assim?

— A gente aproveitava e brincava muito.

— Brincar é muito bom, eu também gosto, quando não saio para passear nas férias eu brinco muito também.

— Então, é exatamente isso. Eu brincava muito, tinha muito amigos e todos nós nos reuníamos para atividades bem interessantes.

— Que tipo de atividade, vô?

— Quase as mesmas que a garotada tem hoje, quando não estão nas salas assistindo à televisão ou jogando *videogames*.

— Como assim, vô?

— As crianças hoje, pela situação que estamos vivendo, não têm muita liberdade, não podem sair de casa e, por isso, ficam com atividades muito reduzidas, apesar de serem boas.

— Vocês brincavam na rua?

— É isso, brincávamos na rua e tínhamos muitas brincadeiras.

— Nossa, vô! Não era perigoso? Não tinha carros na rua? Não tinha assaltos?

— Perigo tinha, sim; carro tinha, sim, e assalto tinha, sim, só que eram em menor número. A gente vivia mais sossegado e, por isso, nossa mãe e pai não se preocupavam tanto.

— Que "da hora", vô!

— Era bem "da hora", mesmo. Para você ter uma ideia: eu saía de casa por volta das 7h30 da manhã e só voltava para almoçar, mais ou menos, ao meio-dia.

— Sua mãe deixava, vô?

— Claro, eu ficava pertinho de casa, num lugar onde a gente jogava futebol e taco, brincava de esconde--esconde, pula-sela e outras tantas.

— E depois do almoço, vô? Você dormia?

— Dormir? Nem pensar! Acabava de almoçar e, quase imediatamente, voltava para continuar com as brincadeiras.

— Isso parece impossível, minha mãe não me deixa sair sozinha!

— Parece mesmo, mas as coisas eram assim, e tem mais...

— Mais ainda, vô?

— É, em algumas férias, quando eu não morava neste bairro, eu vinha passar as férias na casa de minha irmã.

— Aí, viu? Você passava férias fora, como se fosse um cruzeiro.

— Mas não havia navio, não tinham essas atividades de hoje, mas mesmo assim eu me divertia bastante.

— O que você fazia nessas férias?

— A mesma coisa, brincava com os amigos que ia fazendo a cada ano, jogava futebol, andava de bicicleta emprestada, jogava taco, futebol e assim por diante...

— Tudo igual?

— Praticamente, mas tinha uma pequena diferença...

— Qual, vô?

— Como o bairro era novo, ainda não tinha luz elétrica nem água encanada.

— O que é isso, vô? Como vocês faziam para assistir à televisão? E para tomar banho?!

— Televisão a gente não assistia porque ainda não tínhamos, banho tomava, sim, de bacia.

— Nossa! Bacia? E você cabia dentro da bacia?

— Eram bacias grandes, a gente esquentava um pouco de água e ia temperando com água fria até ficar na temperatura que a gente queria.

— Até aí, tudo bem, mas sem televisão? O que você faziam?

— Acredite se quiser, a gente lia!

— Sem luz?

— Sem luz elétrica, mas à luz de velas. Eu ficava até as tantas lendo as revistas que a minha irmã tinha em casa.

— Vô, que coisa louca!

— É, nessa época de minha infância as coisas eram "bem loucas" mesmo!

DESPRENDIMENTO DOS BENS TERRENOS[12]

LACORDAIRE — CONSTANTINA, ARGEL, 1863

(...) Eis, meus amigos, o que vos queria ensinar quanto ao desprendimento dos bens terrenos; posso resumir dizendo: contentai--vos com pouco. Se sois pobres, não invejeis aos ricos, pois a riqueza não é necessária para a felicidade. Sois ricos, não vos esqueçais de que vossos bens vos foram confiados, e que deveis justificar o seu emprego, como uma prestação de contas de um empréstimo. Não sejais depositários infiéis, fazendo com que eles sirvam apenas para a satisfação de vosso orgulho e sensualidade; não vos acrediteis com o direito de dispor para vós unicamente o que recebestes, não como doação, mas somente como um

---

12. *O Evangelho Segundo o Espiritismo*, cap. 16 — Não se pode servir a Deus e a Mamon. São Paulo: Petit, 2013.

empréstimo. Se não sabeis restituir, não tendes o direito de pedir, e lembrai-vos de que aquele que dá aos pobres salda a dívida que contrai para com Deus. (...)

Trabalhando em equipe

A MANHÃ COMEÇOU muito ruidosa. O vô estava tentando dormir. Era muita falação lá, e o vô só escutando.

Dali a pouco, uma netinha entra e pergunta:

— Vô, "cê" tem tesoura?

— Para que a tesoura?

— Para a gente fazer um negócio, precisamos cortar uma cartolina para fazer um cartaz.

— Na cozinha deve ter uma, naquele negócio onde ficam as facas. Dê uma olhada lá. Antes que eu esqueça, tomem muito cuidado.

— Pode deixar, vô.

Ela sai rapidinho, e logo o vô começa a escutar de novo:

— Passa a cola.

— Toma a cola — diz a outra.

— Me passa a tesoura, me deixa cortar aqui.

— Onde estão aquelas bolinhas de isopor?

— Acho que a tia escondeu!

— Procura, gente, procura...

— Achei — gritou outra.

— Corta pelo menos umas cinco no meio.

— Para quê? — indaga a mais nova.

— Para que fique parecido com planetas e estrelas.

— Mas vai ficar tudo branco assim? Fica sem graça — diz a outra.

— Claro que não vai ficar assim, trate de pintar...

— Onde está o guache?

— Deve estar na mesa da tia, ela tem todas essas coisas por lá.

— E a cartolina, vai ficar branca?

— Deixa branca mesmo, a gente pinta bem colorido os planetas.

— É, assim destaca mais — diz a menor.

A manhã transcorreu nesse corre-corre infernal, coisa para cá, coisa para lá...

Passada uma hora, mais ou menos, a algazarra parou. O vô ficou apreensivo. Criança quieta é criança aprontando.

De repente, não mais que de repente, irrompe quarto adentro as três gênias da criação:

— Galácticos, tan, tan, tan, tan... galácticos... tan, tan, tan, tan...

Elas entram correndo e gritando feito torcida uniformizada e com a faixa, feita com cartolina branca, com meias-bolas de isopor coladas e várias estrelas cintilando, pintadas à mão.

— Gostou, vô? — perguntaram a uma só voz.

— Adorei, ficou ótimo, parabéns! Agora, tem uma coisa.

— O quê, vô?

— Que lição vocês tiraram de toda essa atividade?

— Como assim, "lição", vô?

— O que vocês aprenderam fazendo essa faixa?

— Aprendemos a pintar, cortar com cuidado, ter ideias, fazer.

— Como podemos chamar a atividade que vocês desenvolveram?

— Ué... isso tem nome?

— Tem, sim.

— Qual o nome disso, então, vô?

— Trabalho em equipe.

— Nossa, é mesmo, vô! — disse uma delas.

— Eu nem tinha pensado nisso — falou a outra.

— Eu participei também, vô — diz a mais nova.

— Claro, todas participaram.

— Por isso chama-se trabalho em equipe — interrompeu a mais velha.

— É isso aí. E o melhor de tudo é que podemos trabalhar em equipe sempre.

— É mesmo, vô, na escola a gente faz trabalhos em equipe e fica muito legal.

— Isso quer dizer que tudo o que conseguimos fazer sozinhos fica muito melhor quando fazemos em equipe, somando ideias e oferecendo oportunidade para que surjam sempre novos talentos em todas as atividades que estivermos desenvolvendo.

— Tudo bem, vô. Já entendemos — disse uma delas.

— Agora temos de ir embora — falou a outra.

— Afinal, os jogos começarão já, já — completou a mais nova.

— Essa turma é rapidinha mesmo! — pensou o avô.

Ninguém pode ver o reino de Deus se não nascer de novo[13]

(...) Ora, havia um homem dentre os fariseus, chamado Nicodemos, senador dos judeus, que veio à noite encontrar Jesus e lhe disse: *Mestre, sabemos que viestes da parte de Deus para nos instruir como um doutor, pois ninguém poderia fazer os milagres que fazes se Deus não estivesse com ele.*

Jesus respondeu: *Em verdade, em verdade, vos digo: Ninguém pode ver o reino de Deus se não nascer de novo.*

Nicodemos perguntou a Jesus: *Como pode nascer um homem que já está velho? Pode ele entrar no ventre de sua mãe, para nascer uma segunda vez?*

Jesus respondeu: *Em verdade, em verdade, vos digo: Se um homem não renascer da água e do*

---

13. *O Evangelho Segundo o Espiritismo*, cap. 4 — Ninguém pode ver o reino de Deus se não nascer de novo. — item 5. São Paulo: Petit, 2013.

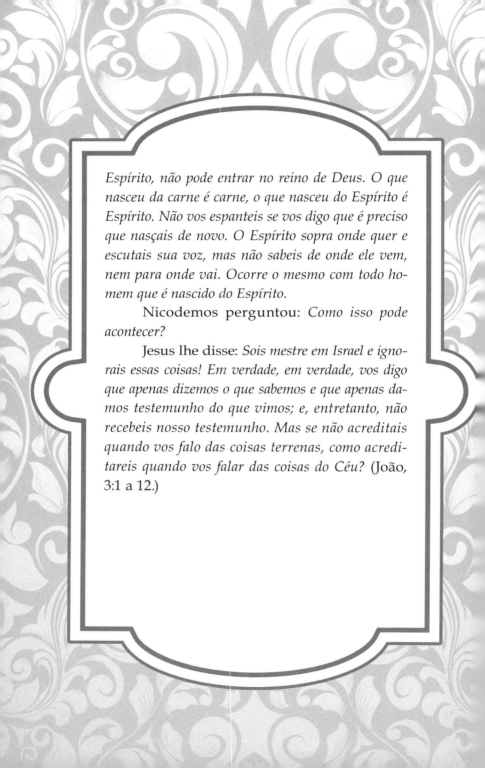

Espírito, não pode entrar no reino de Deus. O que nasceu da carne é carne, o que nasceu do Espírito é Espírito. Não vos espanteis se vos digo que é preciso que nasçais de novo. O Espírito sopra onde quer e escutais sua voz, mas não sabeis de onde ele vem, nem para onde vai. Ocorre o mesmo com todo homem que é nascido do Espírito.

Nicodemos perguntou: *Como isso pode acontecer?*

Jesus lhe disse: *Sois mestre em Israel e ignorais essas coisas! Em verdade, em verdade, vos digo que apenas dizemos o que sabemos e que apenas damos testemunho do que vimos; e, entretanto, não recebeis nosso testemunho. Mas se não acreditais quando vos falo das coisas terrenas, como acreditareis quando vos falar das coisas do Céu?* (João, 3:1 a 12.)

Gatinhas e gatões

O DIA COMEÇAVA como sempre: acordando não muito cedo, as netas chegando para passar a manhã e a gatinha na cama do vovô.

As netinhas chegando, bom dia para cá, bom dia para lá, beijinhos e tudo o mais.

De repente, uma delas pergunta:

— Vô, por que essa gatinha está sempre perto de você? Porque ela gosta tanto de você?

O avô ficou pensando um pouquinho e começou a contar como eram as coisas antes de a gatinha chegar.

— Bem, netinha, vamos começar do começo.

— Que começo, vô?

— O começo desta história! Há algum tempo, tivemos um cachorro morando com a gente, um cachorro muito bonito, presente de um tio dos meninos.

— O cachorro tinha nome, vô?

— Tinha sim, ele se chamava Mike. Era da raça cocker, caramelo...

— Caramelo? Vô, ele era de doce?

O avô sorriu e continuou.

— De doce, não, neste caso o caramelo é a cor, parecida com a cor do doce de caramelo.

— Ah, continua, vô.

— Quando o Mike chegou, foi uma festa, todo mundo muito feliz, todo mundo contente, só eu estava preocupado.

— Preocupado? Com o quê, vô?

— Estava preocupado com quem faria a limpeza da sujeira que um cachorro produz.

— Nossa, vô! O cachorro fazia tanta sujeira assim?

— Fazia e muita, para todo lado, e eu não tinha estômago para ficar limpando tudo aquilo.

— Nossa, vô, que fria!

— Fria mesmo.

— Resolveu de que jeito?

— Bom, uma das suas tias ficou de fazer a tal limpeza, principalmente porque era ela a maior interessada no cachorro, pois tinha se encantado por ele.

— Muito justo, quer ficar com ele, limpe a sujeira dele.

— Mais ou menos isso...

— Por que mais ou menos, vô?

— Porque na teoria é tudo muito fácil e simples, mas na prática a coisa não funcionou exatamente como tínhamos combinado.

— Não, vô?

— Não. Os restos ficavam quase uma semana para serem recolhidos, e você pode imaginar o cheiro que isso deixava. Na maioria das vezes, quem acabava recolhendo era a sua avó ou eu mesmo, apesar de tudo.

— Que agonia, vô!

— É verdade, mas o tempo passou, o Mike foi ficando mais velho, e, um dia, pegou uma doença grave e foi para o outro lado.

— Acabou a sujeira, vô!

— Pois é, a partir daí eu não quis mais animais em casa.

— Por quê, vô?

— Porque, na hora H, ninguém cuidava. Ficava tudo para mim ou para sua vó, e eu não aguentava mais aquilo.

— Decidido, vô! Sem animais em casa.

— Sim, mas depois de algum tempo, todo mundo ficou com vontade de ter um animalzinho de estimação.

— E você, vô?

— Eu, não. Se quisessem ter animais em casa, teriam de cuidar.

— Isso aí, vô.

— O tempo foi passando e, de repente...

— De repente o quê, vô?

— Uma surpresa.

— Surpresa?

— É... Uma surpresa muito pequenina.

— Conta logo, vô!

— Um dia alguém chamou dizendo que tinha alguma coisa na cozinha.

— Que coisa, vô?

— Uma coisa peludinha, preta e branca e com muito medo, muito arisca.

— O que era, vô?

— Uma gatinha, filhotinha, estava perdida na nossa casa.

— Não fala, vô... que coisa!

— Pois é, a gatinha estava toda medrosa, tinha vindo da rua, não sabia exatamente onde estava, só queria se esconder.

— Tadinha! E aí, vô?

— Bom, depois de algum tempo ela ficou mais amigável e foi chegando perto de todos.

— Vô, e você? O que fez?

— Fiquei encantado com a gatinha, não tive coragem de colocá-la de volta na rua.

— Ficou com ela em casa?

— Fiquei. Chamamos a danadinha de Corinthiana.

— Corinthiana? Por quê, vô?

— É... por causa da cor, lembra? Preto e branco...

— Ah, é verdade. Ainda bem que teve um final feliz. Mas onde está a Corinthiana?

— Nem gosto de lembrar.

— O quê, vô?

— O dia em que ela morreu.

— Nossa, vô!

— É... ela morreu logo...

— Do que, vô?

— Acho que morreu envenenada, pois um dia ela estava superestranha, correndo para lá e para cá, e nós não sabíamos o porquê daquilo tudo.

— Que estranho, vô.

— Também achamos, mas como ela ficou quieta mais tarde, achamos que estava bem, não ligamos muito, não. Só sei que, quando uma das suas tias chegou, veio a notícia. A gatinha estava morta no degrau da escada.

— Nossa, vô, que triste!

— Foi mesmo muito triste, principalmente porque ela era muito novinha, muito bonitinha, muito carinhosa. Ficamos desolados, sem saber o que fazer.

— Imagino...

— Os dias foram passando, e aí chegou outra notícia: um gato novo estava a caminho de casa, presente do namorado da sua tia.

— Que bom, vô!

— Eu também achei, principalmente porque descobri que gato não dá tanto trabalho quanto cachorro.

— É mesmo, vô?

— É verdade. Os gatos são mais tranquilos, têm um lugarzinho só deles, não fazem tanta sujeira, e assim por diante. Finalmente ele chegou. Era muito bonito, branco e marrom, olhos azuis, vesguinho de tudo.

— Vesguinho, vô, como assim?

— É... estrábico. Um olho para lá, e outro para cá.

— Muito estranho esse gato.

— O namorado da tia falou que era de raça, que esses gatos de raça são assim mesmo, vesgos.

— Entendi, mas não é esse que está sempre com você.

— Não é mesmo, apesar de me tratar muito bem, não é. A história não termina aí, porque tem ainda o episódio da chegada da Amarelinha à nossa casa. Essa sim é a gatinha que está sempre comigo.

— Conta vô, conta logo...

— Um dia, de novo o alvoroço: tem um bicho aqui. No mesmo lugar da Corinthiana. A mesma maneira de se esconder, o mesmo medo.

— Nossa, vô, superestranho!

— Hiper, mega, *blaster* estranho! Fiquei sem saber o que fazer. De repente, aparece uma gata, grande, magra e...

— E o que, vô?

CONTA MAIS, VÔ!

— Grávida! Uma gatinha grávida na minha casa. Parece nome de filme...

— Parece mesmo, vô. Grávida?

— Pois é, netinha, grávida. Fiquei sem saber o que fazer, não me sentiria bem colocando a gatinha na rua, fiquei muito entusiasmado com a carinha dela. Toda carente, toda precisando de ajuda.

— Imagino, vô, acho que todos ficaram maravilhados.

— Ficamos mesmo, todos queriam ficar com a gatinha, pelo menos até que ela tivesse os filhotinhos.

— Que bom, vô!

— Bom mesmo, pois ela se transformou no xodó de todos, pelo seu jeito tranquilo, pelo carinho que tinha por todos, enfim, uma gatinha muito sensacional. Passado algum tempo, ela teve os filhotes, nós os colocamos em lares que cuidaram deles com carinho.

— E aí, vô? O que vocês fizeram depois?

— Todo mundo quis ficar com ela, mas tomei alguns cuidados.

— Que cuidados, vô?

— Imagina se ela ficasse dando cria de tempos em tempos? A casa ficaria lotada de gatos e ninguém aguentaria.

— O que você fez, vô?

— Pedi para que eles levassem a Amarelinha para castrar, pois isso evitaria que ela tivesse mais filhotes. E isso foi feito.

— Por isso que ela gosta tanto de casa?

— Claro, ela foi recebida e tratada com carinho na hora da necessidade, e todos agradecem o carinho recebido, não importa se são pessoas ou animaizinhos.

— É verdade, vô, todo mundo gosta de carinho, né?

— É verdade, por isso não devemos sonegar carinho. Sempre que possível, devemos oferecer o braço amigo, o ouvido atento, a palavra de conforto para todos os que nos procuram.

— Valeu, vô...

— Valeu, netinha...

A virtude[14]

François, Nicolas, Madeleine, Cardeal Morlot
— Paris, 1863

A virtude, no seu mais alto grau, é o conjunto de todas as qualidades essenciais que constituem o homem de bem. Ser bom, caridoso, laborioso, sóbrio, modesto, são qualidades do homem virtuoso. Infelizmente são acompanhadas quase sempre de pequenas falhas morais que as desmerecem e as enfraquecem. Aquele que faz alarde de sua virtude não é virtuoso, pois lhe falta a principal qualidade: a modéstia. E tem o vício mais oposto: o orgulho. A virtude realmente digna desse nome não gosta de se exibir; ela é sentida, mas se esconde no anonimato e foge da admiração das multidões. São Vicente de Paulo era virtuoso;

---

14. *O Evangelho Segundo o Espiritismo,* cap. 17 — Sede perfeitos. São Paulo: Petit, 2013.

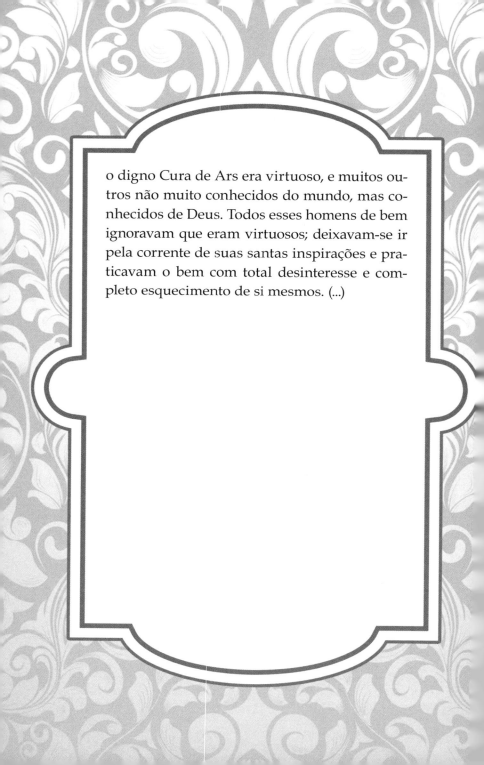

o digno Cura de Ars era virtuoso, e muitos outros não muito conhecidos do mundo, mas conhecidos de Deus. Todos esses homens de bem ignoravam que eram virtuosos; deixavam-se ir pela corrente de suas santas inspirações e praticavam o bem com total desinteresse e completo esquecimento de si mesmos. (...)

Labirintite?

O AVÔ ESTAVA pensando, sentado no sofá da sala, quando os seus pensamentos foram interrompidos. Por quem? Ela, a pequena notável, a caçula das netas, que chega como quem nada quer e vai embora carregando todo o amor que possamos lhe oferecer.

— Vô, como eles tratam de drogados no plano espiritual? Você sabe alguma coisa disso?

— Hummmm... mais ou menos! — respondeu o avô com espanto.

— Como assim: mais ou menos?

— Eu estava aqui pensando numa operação que havia feito e tenho um caso interessante para você.

— Conta então, vô. Tem a ver com drogas e drogados?

— Não a operação, o seu desdobramento, sim.

— Então vamos lá.

— Vamos começar do começo. Eu tinha um calombo no peito que me incomodava.

— O que é calombo, vô?

— Calombo é um inchaço, uma espécie de tumor que acaba incomodando muito a gente.

— Doía, vô?

— Doer não doía, não, só incomodava, mas vamos continuar. Eu tinha consulta com a doutora do posto de saúde, ela me examinou e, ao final da consulta, perguntei se ela poderia me encaminhar para um especialista.

— Ela o encaminhou, vô?

— Encaminhou, sim. Marquei a consulta e, depois de vários dias, fui atendido.

— E aí, vô? O que aconteceu?

— Eles tiraram algumas radiografias e constataram o problema. Disseram que precisava operar, mas que seria uma operação simples, ambulatorial.

— Ambulatorial?

— É, quer dizer que não necessitaria ficar internado, que eu seria operado e poderia ir para casa. Andar de volta para casa...

— Ah!

— Me deram algumas orientações, entre elas a de parar de tomar o AAS[15], pois o sangue fica difícil de coagular quando se toma esse remédio.

— E você, vô?

— Fiz tudo direitinho, parei o AAS cinco dias antes de operar, fui em jejum para a mesa de operação e a dita cuja começou.

— Foi tudo bem, né, vô?

— Foi, sim. Só houve um pequeno problema: o diagnóstico não estava completamente certo, pois, em vez de quisto sebáceo, o que acharam que era, na verdade, tratava-se de uma hérnia de hiato, que eles não conseguiram enxergar pela radiografia.

— Nossa, vô... E aí?

— Aí não tinha mais jeito e, também, não fazia tanta diferença assim: tinha de extrair do mesmo jeito. Ele retirou a gordura que estava acumulada, costurou um pedaço do esôfago e fechou o corte. O problema só ficaria maior se, por algum motivo, eu tivesse uma recaída.

— Uma recaída? Como assim, vô?

— Se a hérnia tornasse a aparecer. Precisaria de outra operação, e teriam de colocar uma tela para

---

15. Medicamento popular, à base de ácido acetilsalicílico, utilizado como anti-inflamatório e analgésico. (N.E.)

proteger as paredes de sustentação. Mas não deu problema algum e não tive de refazer a operação.

— Tá, vô, agora me conta: onde entram os drogados?

— Eu chego lá, tenha paciência! Lembra o AAS que eu parei de tomar?

— Lembro, vô, o que tem?

— Acontece que comecei a sentir tonturas, uns quatro ou cinco dias depois da operação.

— Tontura?

— É... como se fosse labirintite, mas não sofro de labirintite.

— Nossa, vô. O que isso quer dizer?

— Quer dizer que fiquei superpreocupado. E se fosse uma sequela da operação? E se tivesse acontecido alguma coisa que mexeu com o meu labirinto e estava me desequilibrando?

— Sequela é isso, então? Alguma coisa que fica diferente depois que a gente opera?

— É. Podia ser alguma coisa desse tipo. Fiquei assim alguns dias.

— E aí, vô, aconteceu alguma coisa diferente?

— Aconteceu.

— O quê, vô? — perguntou a menina com os olhos arregalados.

— Eu estava sentado no sofá da sala, quando senti a presença do meu amigo Enoque.

— Enoque?

— É, ele é um trabalhador da espiritualidade e desenvolve um trabalho muito grande com a equipe do Espírito Luiz Sérgio[16] ajudando os drogados.

— E o que ele faz, vô?

— Não só ele, mas toda a equipe. Ajudam, recolhem e encaminham para várias instituições no plano espiritual espíritos que foram drogados enquanto encarnados.

— E onde entra a tal labirintite?

— É aí que vou chegar. Ele ficou preocupado com a minha situação e me mostrou o que eles estavam fazendo em casa com os drogados que ainda não tinham condições de deixar a crosta.

— Crosta?

— É, é esta parte da Terra que habitamos e muitos espíritos ainda não têm condição de serem levados, pois estão muito densos e dependentes das drogas que usavam antes da desencarnação.

— Agora sim, vô, estava meio confuso para mim.

— Calma que estou chegando lá.

— Tomara, vô! Está demorando muito.

---

16. Luiz Sérgio, estudante de engenharia desencarnou em acidente automobilístico em 1973 aos 23 anos de idade. Pouco tempo depois, começou a se comunicar mediunicamente por meio da psicografia. Transmitiu em torno de 25 livros, todos muito bem aceitos. Trabalhador incansável na luta contra as drogas.

— O Enoque e a equipe colocaram um equipamento supersofisticado bem em cima daquela parte mais alta, em cima do salão, que serve para renovar o ar.

— Aquela que tem os vidros?

— É, aqueles vidros são chamados elementos vazados, pois facilitam a entrada e a saída do ar, mas veja, pelo que ele me falou, o equipamento é supermoderno, dei uma olhada e vi.

— O que você viu, vô?

— Era uma espécie de câmara de recuperação. Havia uma tubulação que a deixava repleta de um gás muito especial que fazia a oxigenação das células perispirituais deles, dos que estavam deitados lá.

— Quantos eram, vô?

— Tenho a impressão de que vi oito leitos ocupados, todos pareciam dormir.

— Dormir?

— É, eles precisavam ficar isolados, pois poderiam sofrer muito fora das câmaras.

— Quanto tempo eles ficaram lá?

— Alguns dias mais. Foi então que o Enoque me disse o que estava me acontecendo.

— E o que era então, vô?

— Acontece que a máquina tinha uma vibração muito grande para poder fazer o serviço com os drogados, e essa vibração estava interferindo em meu labirinto.

— Por isso você ficava tonto?

— Exatamente por isso. Ele teve de diminuir um pouco a vibração para que eu não me sentisse mal enquanto a máquina era utilizada.

— Nossa, vô!

— Veja só que coisa, netinha. Mesmo as coisas do lado de lá, quando estão na mesma vibração que a gente, incomodam e nos fazem sentir coisas que não sentimos normalmente, coisas que não conseguimos explicar sem auxílio da espiritualidade.

— É verdade, vô. E continuou acontecendo?

— Depois disso nunca mais senti nada, e eles continuam trazendo os drogados e tratando-os lá, quando existe essa necessidade.

— Ainda bem que você não sente mais, né?

— É verdade, e isso é para a gente perceber como somos bem tratados pelos nossos amigos espirituais, sempre preocupados com o nosso bem-estar.

— Ajustam até as máquinas... Aí, sim!

Mundos de expiações e de provas[17]

Santo Agostinho — Paris, 1862

Que vos direi dos mundos de expiação[18] que já não saibais, uma vez que é suficiente observar a Terra que habitais? A superioridade da inteligência, em um grande número de seus habitantes, indica que ela não é um mundo primitivo, destinado à encarnação de espíritos mal saídos das mãos do Criador. As qualidades que já trazem consigo ao nascer são a prova de que já viveram e realizaram um certo progresso; mas também os numerosos vícios aos quais são propensos são o indício de uma grande imperfeição moral. É por isso que Deus os colocou num Planeta atrasado,

---

17. *O Evangelho Segundo o Espiritismo*, cap. 3 — Há muitas moradas na casa de meu Pai. São Paulo: Petit, 2013.

18. Expiação: ato ou efeito de expiar; (neste caso) culpa, cumprir pena. Sofrer castigo.

para expiarem aí seus erros, por meio de um trabalho difícil, enfrentando as misérias da vida, até que tenham mérito para irem a um mundo mais feliz. (...)

O bêbado e a equilibrista

— Vô, POR QUE TEM gente que bebe tanto?
— Porque ainda não sabem o mal que isso pode lhes fazer. Ninguém faz nada contra si mesmo que tenha certeza de que possa prejudicar a sua saúde.
— Tem tanta gente que fala que faz mal, será que esse povo não entende isso, vô?
— Não é que não entende. Até entende, é que a ficha ainda não caiu. Não sentem, ainda, os efeitos da bebida.
— Quando é que esse povo vai entender?
— Cada um tem seu momento de entendimento. A vida é assim mesmo. As lições são individuais, ou seja, o que serve para que eu aprenda pode não ser aprendizado para o outro e vice-versa.

— Nossa, vô, a vida é muito complicada. Será que um dia vou conseguir entender tudo isso direitinho?

— Algumas coisas, sim, e outras, não, justamente porque você, assim como toda a humanidade, vai ter lições que servirão só para você. Serão do seu tamanho, terão a sua cara, e você aprenderá se quiser, porque se não quiser não haverá quem a faça entender.

— Nossa, vô! Espero aprender tudinho, sem errar nadica de nada.

— Tenha muita boa vontade com você e com os outros, assim fica mais fácil.

— É verdade, a gente não fica no pé de ninguém e vive melhor, né, vô?

— É bem isso. A gente vai aprendendo, vai corrigindo, vai vivendo...

— E você, vô, já bebeu um dia?

— Já, mas é uma longa história. Está com tempo?

— Eu estou, minha mãe só vem mais tarde. Conta aí, vô!

— Vamos começar desde o começo então. Não bebi durante muito tempo, nem durante a minha adolescência.

— Nossa, vô! Nem uma cervejinha?

— Eu bebia muito raramente. Não lembro realmente de ter bebido a ponto de gostar, mas vamos em frente.

— É, vamos em frente.

— Lembra que fui trabalhar com o meu pai?

— Lembro, você contou da outra vez.

— Pois bem, casei e depois de uns oito anos, mais ou menos, montei uma locadora de vídeo. Eu gostava muito dessas novidades e, além disso, era um bom negócio, com muitas possibilidades de dar certo.

— Mas, vô... e a livraria que você tinha com o seu pai?

— Acontece que uma grande editora estava de olho no ponto, pedi ajuda para uns amigos de outras editoras, mas não tive chance de aguentar a investida deles.

— O que você fez, vô?

— Eu tinha conhecimento de uma editora do Rio de Janeiro que tinha lojas em São Paulo, editava e vendia livros jurídicos. Ofereci o ponto para eles, e eles toparam. Pagaram uma quantia pelo ponto e saí, sem muito, é verdade, mas com a chance de recomeçar.

— E a locadora de vídeo?

— Então, a locadora estava já montada. Não era grande, não, mas a coisa começava a andar. Tinha uma clientela boa, apesar de o lugar não ser o melhor em termos de estacionamento, mas a garotada da região ia lá para alugar *videogames* de "última geração".

— Nossa, vô, você alugava *videogames* também?

— Tínhamos uma loja bem completa, apesar de não termos muitas cópias do mesmo *game*. Foi aí que apareceu um moço que queria ser meu sócio. Fizemos a sociedade e mudamos de endereço, pois ele já tinha arrumado um ponto bem melhor e com estacionamento, numa avenida próxima de onde estávamos.

— Sociedade é bom, vô?

— É bom, sim, pois nos dá a oportunidade de melhorarmos o que temos, e, melhorando, ganhar mais do que ganhávamos.

— Vocês ficaram muito tempo como sócios?

— Na verdade, não. Houve um desentendimento e rompemos a sociedade, mas isso não impediu o crescimento da loja, pois nós tínhamos um atendimento nota dez, um acervo superatualizado e ótima localização, além de termos sido pioneiros na região com aquele tipo de comércio. A coisa andou, e muito bem.

— E aí, vô, onde entra a bebida na sua vida?

— Depois, me deixe contar mais um pouco. A loja ia bem e resolvemos, sua vó e eu, montar mais uma, pertinho daquela, pois o movimento atraía a atenção e fiquei com medo que abrissem uma loja concorrente.

— Montou?

— Montamos e foi sucesso também, com nome diferente, logotipo diferente, tudo diferente. Depois, mais uma, mais um convite de um amigo para montarmos um ponto na empresa em que ele trabalhava e assim por diante.

Nossa, estava com tudo, hein?

— É verdade, a coisa andava bem, mas aí eu já bebia, não muito, mas bebia. Aos sábados, a gente ia para uma padaria que havia perto, e ficávamos um bom tempo bebendo e comendo.

— O pessoal gostava disso?

— Gostava, e todos bebiam com moderação, inclusive eu. Mas a coisa começou a descambar quando acabaram com os filmes importados, pois as produtoras começavam a se instalar no Brasil. Tivemos de fechar as lojas, e ficamos só com uma e o ponto na empresa do meu amigo. Aí veio a vontade de vender, eu estava meio que cheio de tudo e acabei vendendo a loja, contra a vontade de todos. Foi uma decisão quase que só minha.

— Vô, que coisa triste, você contrariou toda a família?

— No meu modo de entender as coisas, aquilo era o melhor a fazer. Eu não estava conseguindo ter satisfação no trabalho, a situação estava muito ruim para o meu lado, estava com uma filha para nascer e sem dinheiro. Não estou justificando nada, estou só contando o cenário da decisão.

— Ainda bem que não está justificando.

— Não estou mesmo, sei que fiz coisa errada, mas isso sei hoje. Na época eu entendia que era a melhor coisa a fazer. Fiquei com um bom dinheiro, fiquei com o ponto na empresa e com tempo. Aí comecei a beber um pouco mais.

— O tempo sem fazer nada o ajudou nisso, né?

— Tenho a impressão que sim, mas optei por aquilo porque gostava. Mas o tempo foi passando, o dinheiro acabando, e senti a necessidade de montar uma loja de novo. Aí apareceu um ponto na Vila Filomena; as coisas não estavam bem, nem na vida pessoal, nem na vida profissional. O ponto apareceu na hora H. Alugamos o imóvel e começamos a montar a loja, só que não tínhamos muito dinheiro e foi montada meio assim, assim. Mas deu certo, muito certo.

— De que jeito, vô?

— Todos os vídeos que estavam naquela empresa eu trouxe para a loja. Tínhamos quase mil vídeos lá, e era um bom acervo, eu nunca tinha montado uma loja com tantos vídeos assim. Resultado: sucesso quase imediato.

— E aí, vô?

— Aí começamos a ganhar dinheiro de novo, e mais tempo ocioso, mais bebida.

— Quer dizer, vô, que é assim; ganhar dinheiro, beber e dormir?

— Quase, netinha, mas isso não podia continuar por muito tempo. Depois de nove anos de bebida, as coisas ficaram muito mal, eu bebia das dez horas da manhã até a hora de dormir. Quase um engradado de garrafas de cerveja por dia!

— Não morreu por muito pouco, né, vô?

— É verdade, não morri porque a sua avó resolveu me levar a um centro espírita, para ver se dava jeito.

— E deu, né, vô?

— Deu, sim, e agradeço até hoje a ela por ter tomado essa decisão.

— Ainda bem. A que centro ela o levou?

— À Seara Bendita, lá no Campo Belo. Foi onde me achei.

— Nunca mais nada de bebida nem de cigarro?

— Nunca mais nada de bebida nem de cigarro. Valeu o aprendizado.

— Estou indo, vô. A minha mãe chegou.

— Te vejo amanhã.

Missão do homem inteligente na Terra[19]

Ferdinando, espírito Protetor — Bordeaux, 1862

Não vos orgulheis do que sabeis, pois esse saber tem limites bem estreitos no mundo que habitais. Mesmo supondo que sejais uma das intelectualidades na Terra, não tendes nenhum direito de vos envaidecer por isso. Se Deus vos fez nascer num meio onde pudestes desenvolver vossa inteligência, foi porque Ele quis que fizésseis uso dela para o bem de todos. Esta é uma missão que Ele vos dá, ao colocar em vossas mãos o instrumento com a ajuda do qual podereis desenvolver, a vosso modo, as inteligências mais atrasadas e conduzi-las a Deus. A natureza do instrumento não indica o uso que dele se deve fazer? A enxada que

---

19. *O Evangelho Segundo o Espiritismo*, cap. 7 – Bem-aventurados os pobres de espírito. São Paulo: Petit, 2013.

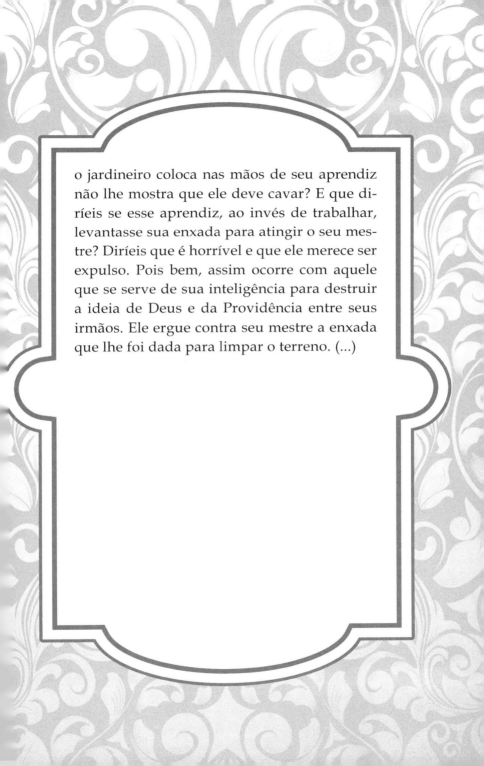

o jardineiro coloca nas mãos de seu aprendiz não lhe mostra que ele deve cavar? E que diríeis se esse aprendiz, ao invés de trabalhar, levantasse sua enxada para atingir o seu mestre? Diríeis que é horrível e que ele merece ser expulso. Pois bem, assim ocorre com aquele que se serve de sua inteligência para destruir a ideia de Deus e da Providência entre seus irmãos. Ele ergue contra seu mestre a enxada que lhe foi dada para limpar o terreno. (...)

O corte de cabelo

— Vô! CONTA MAIS alguma coisa que tenha acontecido com você e que o marcou?

— Conto, sim. Já contei sobre meu primeiro corte de cabelo?

— Corte de cabelo? Não, acho que não.

— Pois é... tive um primeiro corte de cabelo na minha vida.

— Não me diga. Faz muito tempo, né? Afinal, você já está velhinho.

— Estou velhinho mesmo. Mas lembro como se tivesse sido ontem.

— Quantos anos você tinha, vô?

— Eu tinha uns cinco anos, mais ou menos.

— Nossa! Cinco anos sem cortar o cabelo? Devia estar enorme!

— Até que não. O meu cabelo não era lisinho, era encaracolado, dava a impressão que não tinha muito cabelo, não.

— Quase igual a hoje, né?

— Como assim, netinha?

— Seu cabelo também dá a impressão que não tem muito, não. Está meio ralinho...

— É verdade, mas hoje tem razão de ser, o tempo passa, os cabelos caem, enfim...

— Mas, conta, vô, não enrola não.

— Certo dia, chegou a minha irmã dizendo que o meu cabelo estava muito grande, que precisava cortar, que já tinha ido ao barbeiro e conversado com ele para cortar o meu cabelo.

— Nossa, vô, assim? Sem mais nem menos?

— Pois é... assim.

— Imagino o trauma...

— Vai vendo... pegaram-me pela mão e lá fomos nós, descendo a ladeira.

— Como assim, vô? Descendo a ladeira?

— É que eu morava na Rua Coperema, lá no Cangaíba. Essa rua ficava bem no altão, e o barbeiro ficava na Avenida Cangaíba, bem no baixão.

— Ah... entendi! Conta o resto.

— Bem, descemos a ladeira e chegamos à barbearia. O barbeiro estava todo de branco, vestia um jaleco, tinha um bigode aparado e no cabelo havia muita bilhantina.

— Brilhantina? Explica, vô, o que é essa tal "brilhantina".

— É uma coisa muito parecida com o que vocês usam hoje e chamam de gel.

— Nossa, e eu pensando que gel era coisa supermoderna.

— Como nos fala Lavoisier,[20] "na natureza nada se cria, nada se perde, tudo se transforma". Portanto, a brilhantina de ontem é quase que o gel de hoje.

— Tudo bem, continua, vô!

— Chegando lá, o barbeiro colocou um banquinho de madeira em cima da cadeira de barbeiro que havia no salão...

— Cadeira de barbeiro? Igual às de hoje?

— Quase igual. Eram mais pesadonas, porém não havia muita diferença, não.

— E você, vô, o que sentiu?

— Fiquei paralisado vendo todo aquele ritual, todo aquele espetáculo. E eles falando para que eu ficasse calmo, que não ia doer nada, coisas do tipo.

— Não ia doer nada? Mas cortar cabelo nunca dói...

---

20. Cientista francês que viveu no século 18. É considerado o pai da química moderna. (N.E.)

— Só que eu não sabia, nunca tinha cortado cabelo, lembra?

— Lembrar eu lembro, mas dava para perceber, não dava, vô?

— Não percebi, só sei que estava bem assustado com tudo aquilo e comecei a chorar de desespero.

— E o pessoal, o que fez?

— Minha irmã ficou desesperada, pois não entendia como um simples corte de cabelo podia ter provocado tamanha reação. Tentava me acalmar, mas não tinha jeito.

— Então você não cortou o cabelo na primeira vez?

— Me deixe contar, não me apresse...

— Está bom...

— O cabelo era cortado enquanto a minha irmã tentava me acalmar, isso é o que eu queria dizer. O cabelo ia caindo, eu via os meus cachinhos de anjo serem derrubados um a um... sem volta...

— Que triste, vô. Eles continuaram? Não tiveram dó de você?

— Nenhum dó, nenhuma tristeza.

— Mas por que, vô? Eles não gostavam de você?

— Gostavam, claro. Mas eu precisava cortar os cabelos, pois o pessoal pensava naquela época que os cabelos muito grandes impediam a gente de crescer.

— Ah! E você? Era pequenininho mesmo?

— Eu não era muito grande com essa idade, mas não acreditava nessa história, eu queria os meus cachinhos de volta.

— Eles não devolveram não, né, vô?

— Devolveram nada, nem guardaram um cachinho de recordação. Nada mesmo.

— Nossa, vô, que irmã mais desalmada que você tem.

— Não é bem assim, netinha. Ela tinha lá suas razões, e foi minha mãe que pediu para ela me levar e cortar os cabelos. Eu é que não tinha conhecimento suficiente para saber que um dia isso seria necessário.

— Ainda bem que você entendeu.

— Entendi, sim, e entendi também que na vida existem coisas que nos acontecem para que tenhamos a experiência de que precisamos.

— Como assim, vô?

— É verdade. É como podar uma árvore, uma planta. A gente poda para que ela cresça melhor e mais forte. Com a gente é a mesma coisa. As experiências acontecem para que a gente fique mais forte e consiga superar as limitações.

— Nossa, vô, você aprendeu tudo isso naquele dia?

— Claro que não! Naquele dia eu só pensava em chorar, chorar muito. Com o passar do tempo é que vamos percebendo uma porção de coisas.

— Será que vou passar por essas coisas também?

— Pode não ser um corte de cabelo, os tempos mudaram muito, mas as experiências virão de acordo com a sua necessidade.

— Ai, vô, estou até com medo...

— Não precisa ter medo, pois como diz o ditado: "Deus dá o frio conforme o cobertor!".

— Ainda bem, vô!

— Ainda bem, netinha!

Deixai vir a mim as criancinhas[21]

(...) A pureza do coração é inseparável da simplicidade e da humildade. Ela exclui todo pensamento egoísta e orgulhoso. É por isso que Jesus toma a infância como símbolo dessa pureza, como a tinha tomado para o da humildade.

Esta comparação poderia parecer injusta, se considerássemos que o espírito da criança pode ser muito antigo e que traz ao renascer, para a vida corporal, as imperfeições das quais não se libertou nas existências anteriores. Somente um espírito que tivesse atingido a perfeição poderia nos dar o modelo da verdadeira pureza. Mas ela é exata do ponto de vista da vida presente, pois a criança, não podendo ainda manifestar nenhuma tendência perversa,

---

21. *O Evangelho Segundo o Espiritismo*, cap. 8 — Bem-aventurados os puros de coração. São Paulo: Petit, 2013.

oferece-nos a imagem da inocência e da candura. Além do que, Jesus não diz de uma maneira categórica e absoluta que o reino de Deus é *para elas, mas sim para aqueles que se lhes assemelham. (...)*

O efeito

— NETINHA — chamou o vovô.
— Fala, vô — respondeu a netinha.
— Você está muito quieta hoje, não quer escutar histórias nem nada?
— Ah, vô, estou meio preocupada com algumas coisas que estão acontecendo comigo.
— Que coisas?
— Coisas estranhas, vô. Às vezes me pego sentindo umas coisas muito esquisitas e parece que tem gente pertinho de mim.
— E a sensação é boa ou não?
— Às vezes é boa, às vezes, não.
— Conta mais, porque hoje pelo jeito é você que vai contar uma história.

— Vô, outro dia eu estava na casa da Manuela, aquela minha amiga da escola.

— O que você foi fazer lá?

— Fui passar a noite lá, lembra? Festa do pijama; era aniversário dela e todas as amigas dormiram na casa dela.

— Ah! Lembro, sim.

— Pois é, vô. Naquela noite percebi que existem coisas mais estranhas que essas que o senhor conta.

— Não me diga.

— Já disse, agora não tem mais jeito, pois bem. Naquela noite, quando parecia que estava todo mundo dormindo, escutei um barulhão na cozinha. Fiquei toda arrepiada e sem saber o que fazer.

— Não fez nada?

— Fiquei bem quietinha. Só escutando.

— Só você ouviu?

— Não. De repente, todo mundo acordou também e começaram a perguntar o que era.

— E o que era?

— Ninguém sabia, porque ninguém teve coragem de ir até a cozinha para ver, estávamos com muito medo!

— Interessante!

— O senhor só diz "interessante"?

— Digo isso porque realmente é interessante. Conte mais, conte.

— Estávamos com medo mesmo. A Fernanda quase desandou a chorar, pedi para ela ficar quieta, para podermos escutar melhor. A Juliana respirava tão rápido que pensei que ela teria um treco, e a Helena colocou a cabeça debaixo do lençol para se esconder.

— Não diga. Então o pânico foi geral?

— Pior é que foi, vô. De repente, apareceu a mãe da Manuela.

— Ela ouviu o barulho também?

— Acho que não, pelo menos ela não disse nada.

— O que ela foi fazer lá então?

— Foi verificar o que estávamos fazendo, pois ela ouviu o barulho, sim, mas da nossa conversa e ficou preocupada com aquilo.

— A mãe da Manuela é gente boa, fica ligada!

— É verdade, vô. Ela está sempre por perto, para o caso de a gente precisar de alguma coisa. Pois bem, ela apareceu e perguntou por que tanta conversa, se a gente não sabia que horas eram, essas coisas de mãe.

— É, eu sei como é... comigo é a mesma coisa.

— Isso, isso!

— E vocês, o que falaram?

— Aí falamos do barulho.

— E ela?

— Ela disse que não ouviu nada. Nós insistimos, porque o barulho foi realmente de assustar, parecia que tudo estava caindo lá na cozinha.

— E ela, falou o quê?

— Primeiro pediu que nos acalmássemos, pediu para a gente contar tudo como tinha acontecido.

— Vocês contaram?

— Vô, parece incrível, mas todo mundo contou a mesma história, e parecia que todo mundo estava dormindo, mas estava todo mundo acordado.

— E a mãe da Manuela? O que ela fez?

— Falou que tinha sido imaginação da nossa cabeça, que aquilo de barulho era "história para boi dormir", que essas coisas de assombração não existiam.

— Mas quem falou em coisas de assombração?

— Esqueci de contar, mas a Fernanda falou que o pai dela disse que essas coisas acontecem quando tem muita meninada junta.

— Não me diga, ele é espírita também?

— Eles são espíritas, sim, vô, igual à gente. E a Fernanda falou para a mãe da Manuela, só que ela não acredita nessas coisas.

— É um direito que ela tem, afinal de contas, todos somos diferentes, temos histórias diferentes e posições diferentes. Mas conte mais, conte.

— Bem, só sei que ninguém ficou discutindo com ela, afinal ela é muito bacana. A Fernanda pediu para ela ir com a gente verificar se estava tudo em ordem, pois se não estivesse teríamos um trabalhão para colocar as coisas no lugar, pois o barulho foi de queda total.

— Foram todas juntas?

— Claro, vô. Quem disse que alguém sairia de lá sozinha? A mãe da Manuela, a dona Iracema, foi na frente.

— E vocês?

— É, vô. Claro que depois dela, né?

— É verdade, só podia ser.

— Pois bem, fomos todas, em fila, a dona Iracema na frente, nós todas tremendo, uma após a outra. Devagarzinho, sem piscar, prendendo a respiração, olhando para todos os lados, cheias de medo e terror.

— Nossa, netinha, que drama!

— Drama mesmo, vô. Estava todo mundo muito tenso, nós todas estávamos com os nervos à flor da pele. Ninguém piscava.

— Imagino, um bando de meninas pré-adolescentes juntas... só podia dar nisso mesmo! Mas termine, vai!

— Vô, a dona Iracema entrou na cozinha sozinha. Ela não teve medo algum, parecia uma supermulher de tanta coragem.

— É o que digo: "mãe é mãe".

— É isso mesmo, vô. Ela entrou com cuidado, mas corajosamente. Nós ficamos do lado de fora, só esperando que ela nos mandasse entrar.

— Demorou muito?

— Para que, vô?

— Para ela mandar vocês entrarem?

— Que nada, logo que ela acendeu a luz da cozinha, olhou e pediu a todas nós que entrássemos lá!

— Assim rápido?

— Rápido assim, vô. Ela nem pestanejou, entrou, olhou e pronto. A hora em que entrei não acreditei no que vi.

— O que você viu?

— Nada, vô, absolutamente nada.

— Como assim, nada?

— Nada fora do lugar, vô. Estava tudo certinho, nada estava pelo chão, tudo do jeito que ela tinha deixado antes de a gente dormir.

— Menina! Já sei o que aconteceu...

— Olha, vô, você pode até saber, mas fiquei super sem jeito, a Fernanda e eu.

— Sem jeito por quê?

— Por que, vô? Dissemos que foram espíritos que aprontaram aquela algazarra toda, e a mãe da Fernanda ficou só dando risada da gente.

— Não ligue! Para ela não aconteceu nada mesmo, pois não acredita. Mas nós sabemos que aconteceu, e isso é o que importa.

— Será, vô? Às vezes fico pensando se não é imaginação da gente, se isso tudo não passa de explicação para nossa imaginação.

— Não é não, netinha. Daqui a alguns anos você estará lá no centro espírita e entenderá tudo isso que, aparentemente, não tem explicação hoje. Aí você saberá que os espíritos aproveitam a doação generosa de fluidos pelos adolescentes para aprontar algumas de vez em quando.

— Mas os espíritos não são todos assim, né, vô?

— Claro que não, e você sabe disso. Esses são espíritos que ainda gostam de aprontar e se divertem com isso.

— Fico imaginando a cara deles, zombando da gente naquela noite.

— Deve ter sido muito engraçado para eles mesmo.

— É, vô. Um dia ainda vou saber todos os mistérios que existem entre a Terra e o Céu.

— Pode ser, mas prepare-se, pois como diz Shakespeare: "existem mais mistérios entre o Céu e a Terra do que sonha nossa vã filosofia".

— Nossa, vô, quem é esse?

— Isso é outra história, depois eu conto. Agora, vamos tomar um cafezinho com pão de queijo?

— Aí, sim!

Não acrediteis em todos os espíritos[22]

(...) Os fenômenos espíritas, longe de confirmarem os falsos cristos e os falsos profetas, como algumas pessoas gostam de dizer, vêm, ao contrário, dar-lhes o golpe mortal. Não peçais ao Espiritismo milagres nem prodígios, pois ele declara formalmente que não os produz. Assim como a Física, a Química, a Astronomia e a Geologia vieram revelar as leis do mundo material, ele vem revelar outras leis desconhecidas, aquelas que regem as relações entre o mundo corporal e o mundo espiritual, e que, tanto quanto as leis científicas são leis da Natureza. Ao explicar uma certa ordem de fenômenos até então incompreendidos, o Espiritismo destrói o que ainda permanecia sob o domínio do maravilhoso. (...)

---

22. *O Evangelho Segundo o Espiritismo*, cap. 21 – Haverá falsos cristos e falsos profetas. São Paulo: Petit, 2013.

O triciclo

ELA ENTROU NO quarto do vovô correndo, ofegante, parecia que não conseguiria parar:
— Vô, vô, vem ver, vem ver!
— Ver o que menina? Sente um pouco, respire, relaxe e me fale: ver o quê?
— Vamos lá fora, você vai ver que coisa linda que eu ganhei do meu pai. Vem logo, vô!
— Estou indo, estou indo.
Quando chegaram lá fora, o avô quase perdeu a fala. Estava diante do sonho de consumo de uma vida inteira.
As mãos nos olhos marejados pelas lágrimas, lembranças de tempos idos que não eram as melhores de sua vida, fizeram com que a netinha ficasse preocupada.

MANOLO QUESADA

— Vô, você está bem? Vô, aconteceu alguma coisa? Não gostou da minha bicicleta?

— Claro que gostei, netinha.

— E está chorando por quê?

— Sei lá, acho que é nostalgia.

— Nostalgia? O que é isso?

— Nostalgia é um sentimento que não sabemos explicar muito bem, está relacionado a alguma coisa que quisemos muito e não conseguimos, ou perdemos com o tempo.

— Nossa, vô, hoje você está muito esquisito! Quer me explicar direitinho isso?

— Explico, sim, talvez você compreenda melhor.

— Começa, vai!

— Havia muito tempo, eu queria ganhar uma bicicleta, mas infelizmente os meus pais não tinham como satisfazer esse meu desejo.

— Era muito cara uma bicicleta, vô?

— Era e, além do mais, eles não ganhavam muito, a família era grande e assim as coisas não eram muito fáceis.

— Então você não ganhava nada no Natal?

— Ganhava alguma coisa, mas não o meu sonho: uma bicicleta.

— Nem nada parecido?

— Ganhei uma vez um brinquedo muito parecido com uma bicicleta, sim.

— Que brinquedo era esse, vô?

— Era um triciclo!

— Triciclo? O que é isso?

— É parecido com uma bicicleta, só que com três rodas.

— Três rodas? Isso é bom, pelo menos não cai, não tomba!

— Até que é verdade, mas não tinha o mesmo gosto de aventura que uma bicicleta tem.

— Isso é verdade, mas conta, quem te deu esse triciclo?

— Foram meu pai e minha mãe. Um dia, eles saíram de manhã e foram para a Penha.

— Penha? O que é isso?

— É um bairro. Eu morava no bairro do Cangaíba, e a Penha era um bairro muito próximo, tinha um comércio bem desenvolvido, as lojas mais conhecidas estavam lá.

— Ah!

— Pois bem, nesse dia eles saíram de manhã e foram para lá, eu não sabia exatamente o que tinham ido fazer, mas alguma coisa me dizia que eu devia esperar uma surpresa muito boa.

— Você ficou muito nervoso? O tempo demorava a passar?

— Fiquei, sim, muito tenso e ansioso, parecia que o tempo não queria passar, mas passou. De repente, já

MANOLO QUESADA

era coisa de quatro horas da tarde, vi os dois subindo a ladeira da Rua Malacaxeta.

— O que você fez?

— Fiquei só olhando. Meu pai estava carregando um pacote muito grande, e o embrulho estava rodando. Ele estava puxando ladeira acima.

— Você não saiu correndo ladeira abaixo, vô?

— Assim que percebi o que era, saí correndo feito um louco. Cheguei rapidinho, abracei e beijei os dois e fui logo tirando o papel que embrulhava o presente ali, no meio da rua mesmo!

— Era o triciclo?

— Era. Chorei de alegria, pois, afinal, era quase uma bicicleta. Peguei pelo guidão e subi ladeira acima para chegar logo à minha rua, a Coperema.

— E aí, vô? Quem estava na rua? Como eles reagiram? O que fizeram?

— Calma, uma coisa de cada vez. Naquela época, brincávamos muito na rua, não havia o perigo que existe hoje, nem o trânsito era tão intenso, por isso a gente podia brincar sossegado que ninguém corria muito risco.

— Então a rua estava cheia?

— Estava, sim. Lá estavam minhas irmãs, Nena, Marina e Rosa. Estava o Baianinho, que era um menino que tinha vindo do Nordeste com toda a família, a Cida, filha do seu Zé, o Miguel e a irmã dele, de quem não lembro o nome, e um monte de gente.

— Eles ficaram felizes?

— Ficaram, sim, todo mundo queria andar no meu triciclo.

— Você deixou?

— Não de cara, afinal eu não tinha nem andado direito. Fiquei andando um bocado, curtindo o presente que eu acabara de ganhar.

— E?

— Bom, o Miguel tinha ganhado um carrinho de roda muito bacana, bem mais bonito que o meu triciclo, e ele foi buscar para andar comigo. Assim que ele chegou, começou aquela bagunça de apostar corrida.

— Apostar corrida, vô?

— É, o pessoal ficava gritando "vai, vai", incentivando para ver quem chegava primeiro em determinado lugar.

— Você corria desse jeito?

— Na verdade, eu não sabia correr direito, mas pedalava bem e o triciclo andava rápido, era novinho em folha, tinha acabado de ganhar.

— "Tava que tava", né, vô?

— Confesso que estava, sim, e não queria perder uma oportunidade de ficar por cima.

— E aí, o que aconteceu, vô?

— Bem, eu estava na frente, correndo a toda, bem veloz, e o Miguel estava atrás, embora o carro dele fosse bem mais bonito e robusto que o meu triciclo.

De repente, diminuí a velocidade, tinha um buraco na frente e eu não queria tomar um tombo.

— E aí, vô?

— Aí que o Miguel não conseguiu diminuir a velocidade do carro dele e bateu no meu triciclo, por trás.

— Vô, que desastre!

— Foi um desastre mesmo, netinha, não gosto nem de lembrar.

— Fala, vô, o que aconteceu?

— Acontece que, com a batida, o triciclo partiu em dois...

— Em dois, vô? De que jeito?

— O triciclo tinha uma roda grande na frente e duas pequenas atrás. As duas pequenas ficavam num eixo, uma de cada lado; esse eixo era ligado ao guidão através de uma peça. Isso tudo era soldado...

— Soldado? O que é soldado?

— As peças ficavam juntas porque eram ligadas por uma espécie de cola metálica que era aplicada com um maçarico de grande potência... Só que, com a batida, a solda não aguentou e... quebrou.

— Nossa, vô, nem aproveitou direito o brinquedo!

— Foi bem isso mesmo, netinha. Ganhei o brinquedo e, no mesmo dia, quebrou. Fiquei desolado, sem saber o que fazer.

— E a turma, vô? O que eles fizeram?

— Ficaram muito tristes. Minha irmã Rosa falou que foi de propósito, a irmã do Miguel quis partir para a briga, mas minhas outras duas irmãs separaram e fomos para casa.

— Acabou a brincadeira.

— Acabou a brincadeira. Contamos o que havia acontecido e você imagina a cara do meu pai e da minha mãe. Tanto esforço para terminar com o brinquedo no mesmo dia. Ninguém merece!

— É mesmo, vô. Eles bateram em você?

— Não, mas perdi, pois não tinha mais como brincar nem eles tinham como comprar outro triciclo.

— Nossa, vô, agora entendo por que você ficou tão emocionado. Eu também ficaria se fosse comigo.

— É isso aí, netinha. Por isso, vou pedir para você tomar cuidado com o presente, pois não é fácil arrumar dinheiro para fazer os filhos felizes, não.

— Você nunca mais teve outro triciclo?

— Mandamos consertar muito tempo depois, mas já não era a mesma coisa, estava enferrujado e não aguentou muito, quebrou de novo. Mas eu já não ligava tanto, acho que estava mais crescido; mesmo assim agradeci o retorno do sonho, mas já não era um sonho colorido, estava em preto e branco.

A felicidade não é deste mundo[23]

François Nicolas-Madeleine — Cardeal Morlot, Paris — 1863

"Não sou feliz! A felicidade não existe para mim!", exclama geralmente o homem, em todas as posições sociais. Isso, meus queridos filhos, prova melhor do que todos os raciocínios possíveis a verdade deste ensinamento do Eclesiastes[24]: "A felicidade não é deste mundo". De fato, nem a fortuna, nem o poder, nem mesmo a juventude em flor são condições suficientes para a felicidade. Digo-vos mais: nem mesmo juntas essas três condições tão desejadas o são, uma vez que se escutam constantemente, no meio das classes

---

23. *O Evangelho Segundo o Espiritismo*, cap. 5 – Bem-aventurados os aflitos. São Paulo: Petit, 2013.
24. Eclesiastes: ou Livro do Pregador, do Velho Testamento, escrito por Salomão.

mais privilegiadas, pessoas de todas as idades lamentarem-se amargamente da condição de suas existências. (...)

(...) Contudo, não se deduza das minhas palavras que a Terra esteja destinada para sempre a ser uma penitenciária; certamente que não! Dos progressos já realizados podeis facilmente deduzir os progressos futuros, e dos melhoramentos sociais já conquistados, novos e mais ricos melhoramentos surgirão. Esta é a grandiosa tarefa que deve realizar a nova doutrina que os espíritos revelaram.

Visão além do alcance

— Oi, vô!
— Oi, netinha, tudo bem?
— Tudo bem. Eu queria saber mais sobre como foi que começou a sua história na Seara.
— Contei um pedaço já...
— É, contou, mas quero saber a continuação, tipo "Seara - parte 2". Pode ser?
— Pode, sim. Acho bem interessante, principalmente porque as coisas continuaram de maneira superestranha.
— Como assim, vô?
— Imagina que eu tinha uma amiga de infância, que tinha uma irmã que eu não via fazia muito

tempo, mas muito tempo mesmo. Pois essa moça apareceu na Seara.

— Como assim, apareceu? Ela tinha desencarnado?

— Não, eu não tinha contato com ela havia muitos e muitos anos e, surpreendentemente, fui reencontrá-la na Seara.

— E aí, o que aconteceu?

— Aquela conversinha de quem não se vê há bastante tempo, como vai, como estão os parentes etc.

— Só isso?

— Quase só isso. Sem essa nem aquela ela falou: "Acho que vou fazer um curso, vou ver quais estão oferecendo".

— E o que isso tem a ver?

— Tudo... eu não sabia dessa história de curso.

— E?

— Fiquei matutando que também poderia fazer um curso, não estava em assistência espiritual mesmo. Estava assistindo só o A2[25] há algum tempo. Era o momento ideal.

— E que você fez?

— Fui ver os cartazes.

— E daí?

---

25. A2: trabalho de assistência espiritual para quem chega na Instituição Espírita Seara Bendita pela primeira vez.

— Daí que eu estava passando, e um cartaz parece que começou a brilhar e piscar, igual a um anúncio de neon.

— Brilhar? Piscar? Neon?

— É... Anúncios de neon são movimentados, brilham, apagam, dão a impressão de que têm vida própria. Esse cartaz tinha todas essas características.

— Que curso era esse que tinha "vida própria"?

— O nome do curso era: "O Evangelho de João e o Apocalipse".

— Nossa, com um título desses só brilhando e tendo vida própria mesmo.

— Pois é. Aquilo ficou na cabeça. Fui ver onde poderia fazer a inscrição.

— Achou?

— Achei, as inscrições eram feitas na secretaria.

— E aí?

— Fui lá, perguntei como fazer a inscrição.

— E depois?

— Na verdade, aqui é a parte mais interessante dessa "parte 2" da história.

— Por quê, vô?

— Foi aí que conheci o sr. Hellmuth.

— Quem é esse, vô?

— Era o responsável pelas matrículas nos cursos. Ele tinha olhos azuis profundíssimos.

— É mesmo, vô?

— É mesmo. Quando perguntei como fazer a inscrição, ele me perguntou se eu não queria fazer o Curso Básico. E me explicou que aquele que eu queria era um curso mais complicado, talvez eu não compreendesse, que no básico eu teria informações sobre mediunidade e tudo o mais.

— E você, vô, o que falou para ele?

— Eu disse que não queria saber nada sobre mediunidade, o que eu queria mesmo era saber sobre o Evangelho.

— E ele, o que fez?

— Menina, ele ficou me olhando... simplesmente me olhando.

— Não falava nada?

— Não falava nada. Só me olhava. Media de alto a baixo, olhava como se estivesse observando com a "visão além do alcance".

— Nossa, vô, igual a um Thundercat.

— Igualzinho, ficou um tempão olhando.

— E você?

— Fiquei esperando até que, meio impaciente, disse para ele me responder. Se podia ou não podia!

— E daí?

— Daí que ele resolveu me inscrever.

— Ufa, vô, fiquei preocupada, pensei que ele não ia inscrevê-lo.

— Eu também, mas, felizmente, ele disse sim para mim.

CONTA MAIS, VÔ!

— Ainda bem, senão seria muito ruim para você, não é mesmo?

— Acho que sim, mas vamos continuando. As aulas iniciariam em agosto, aos sábados.

— Só aos sábados?

— Só, esses cursos têm uma aula por semana, é praxe.

— Ah!

— Sei que esperei o dia do início do curso com muita ansiedade. Parecia que o tempo não passava, mas passou. O dia chegou.

— Nossa, vô, que emoção. Imagino o senhor no dia.

— Nem te conto, foi um dia emocionante por vários motivos.

— Quais motivos, vô?

— O primeiro deles é que, depois de muitos anos, eu estava de novo frequentando alguma coisa relacionada à espiritualidade, que eu gosto muito. Depois, a certeza de aprender coisas novas, outras visões, outros pontos de vista, e, finalmente, encontrar algumas respostas que eu ainda não tinha encontrado.

— E aí, vô? Como o pessoal o recebeu?

— Me receberam com muita curiosidade, ninguém me conhecia e todos se conheciam, pois eram todos trabalhadores da Seara, eu era o "peixe fora d´água".

— Como assim, vô?

139

— Depois fiquei sabendo que o curso não era aberto a todos, e sim apenas aos trabalhadores, havia alguns pré-requisitos. Entrei pela boa vontade do sr. Hellmuth. Lembra que ele ficou me olhando um montão de tempo?

— Lembro, sim, vô.

— Pois acho que nesses momentos ele deve ter mantido um papo muito sério com os amigos espirituais e decidido me aceitar, pois até então aquilo era um fato inédito. E agradeço de coração a boa vontade dele e de todos os que estavam com ele naquele momento e, também, a todos os que do meu lado intercederam por mim para que eu retomasse as atividades espirituais na minha vida.

— Nossa, vô! Você tem umas histórias que parecem duas.

— E são duas, na verdade. A primeira foi essa, e a segunda tem a ver com uma amiga que conheci naquele curso.

— Que amiga, vô?

— A Nair. Era ela que ministrava o curso, e fiquei encantado com a maneira como ela falava do Evangelho, era tudo o que eu queria ouvir: um Evangelho dito de maneira que todos pudessem compreender, de maneira leve, fluente, emocionada.

— Nossa, vô, fico imaginando...

— Eu nunca tinha ouvido ninguém falar do Evangelho daquela maneira, e isso me deixou com mais vontade de aprender. Sem contar a experiência maravilhosa de poder desfrutar da amizade e do carinho de todos aqueles trabalhadores que me receberam tão bem, me ajudaram nas dificuldades e me proporcionaram alguns dos mais belos momentos de minha vida.

— Vô, desse jeito eu vou chorar!

— Já estou chorando só de lembrar de tantas pessoas maravilhosas que me abriram as portas para um admirável mundo novo, cheio de respostas, de incentivo, de companheirismo e, principalmente, de responsabilidade.

— Puxa, deve ter sido maravilhoso mesmo.

— Não foi só maravilhoso, foi um marco na minha vida, a primeira vez que me coloquei de frente para mim mesmo e me descobri imortal, pleno da graça divina e com a eternidade para conquistar a minha emancipação como espírito.

— Agora tenho de ir, vô, fique com suas emoções, igual ao Roberto.

— Que Roberto?

— Que Roberto, vô? O Roberto Carlos, aquele do "são tantas emoções".

— Ah! Aí, sim!

Ajuda-te e o céu te ajudará[26]

(...) Do ponto de vista moral, estas palavras de Jesus significam: Pedi a luz que deve iluminar vosso caminho e ela vos será dada; pedi a força para resistir ao mal e a tereis; pedi a assistência dos bons espíritos e eles virão vos acompanhar e, como o anjo de Tobias[27], vos servirão de guias; pedi bons conselhos e nunca vos serão recusados; batei à nossa porta e ela vos será aberta; mas pedi sinceramente, com fé, fervor e confiança; apresentai-vos com humildade e não com arrogância, sem o que sereis abandonados às vossas próprias forças, e as quedas que sofrereis serão a punição de vosso orgulho. É este o sentido destas palavras do Cristo: *Buscai e achareis, batei e se vos abrirá.*

---

26. *O Evangelho Segundo o Espiritismo*, cap. 25 – Buscais e achareis. São Paulo: Petit, 2013.

27. Tobias: patriarca judeu do 1º século a.C., autor do Livro de Tobias, em que relata a sua convivência com um Espírito.

Os mensageiros

SEM NINGUÉM ESPERAR, ela chegou e perguntou à queima-roupa:
— Vô, por que esse povo briga tanto?
— Agora, sim, netinha... agora a coisa ficou feia!
— Por que, vô?
— Porque há uma série de explicações para isso. Mas vamos começar do começo. De novo.
— Por que do começo, vô?
— Porque nem tudo o que vemos hoje é de hoje mesmo, normalmente o pessoal briga muito pelas muitas contas a acertar e não consegue entender que isso é uma oportunidade muito grande para fazer de maneira diferente o que fizeram em outros tempos.
— Quer dizer que nem tudo é desta vida, vô?

— Nem tudo.

— Mais ou menos quanto é desta vida?

— Acredito que chega a mais de 70%. Mas nós atraímos muito do passado porque não mudamos a nossa maneira de ver a vida.

— Quer dizer que, se mudar a nossa maneira de ver a vida, as coisas mudam?

— Mudam, sim. É questão de ver a vida com outros olhos. Não podemos esquecer que somos todos médiuns e que nos associamos às correntes mentais que vibram na mesma frequência que a nossa.

— Para, vô, troque em miúdos...

— Desculpe. Trocando em miúdos: se pensarmos em coisas boas, nos associamos com os que pensam em coisas boas; se pensarmos em coisas não tão boas, nos associamos com os que pensam em coisas não tão boas.

— Entendi. Só não entendi ainda por que o pessoal briga tanto.

— Está relacionado ao fato de todos sermos médiuns, mas não sabermos isso de maneira consciente.

— Como assim, vô?

— Temos muitos bloqueios ainda, muitos preconceitos, e isso atrapalha a nossa maneira de ver e entender o que temos de fazer neste mundo.

— O que isso quer dizer, vô?

— Isso quer dizer que, muitas vezes, lembramo-nos de compromissos do passado, mas não queremos fazer diferente, e isso atrai companheiros espirituais de pensamento.

— O que acontece então, vô?

— Acontece que eles ficam buzinando na nossa mente, soprando palavras, nos instigam contra aqueles com quem deveríamos fazer as pazes, e assim as coisas vão tomando um rumo não muito bom na vida.

— Mas você não falou que 70% não são desta vida?

— Falei, mas quando você começa a dar ouvidos a esses espíritos, fica desequilibrado e começa a fazer um monte de bobagens.

— E aí?

— Aí que, fazendo um monte de bobagens, você vai acumulando problemas e mais problemas. Até que fica insuportável levar a vida.

— Nossa, vô! O que fazer então?

— Procurar ajuda.

— Onde, vô?

— Onde? Num centro espírita.

— É mesmo, vô. O centro espírita é o melhor lugar para tratar de problemas espirituais.

— Isso mesmo. Milagres não existem, mas a ajuda espiritual nos faz ver a vida de maneira melhor e, dessa forma, vamos resolvendo os problemas que apareceram pelo nosso desequilíbrio.

— Arruma a vida encarnada, os tais 70%.

— Isso mesmo, sobraram os 30% originais. E como estamos equilibrados, temos mais oportunidades de acertar a vida com aqueles que vieram nos cobrar nesta encarnação.

— Tudo vai se encaixando, né, vô?

— A vida nos oferece todas as oportunidades de que precisamos para conquistarmos tranquilidade, nós é que normalmente não acreditamos nisso.

— Mas, vô, você disse que isso acontece por que todos somos médiuns? Não seria melhor deixar esse negócio de mediunidade de lado?

— Não temos como deixar de lado, isso é do ser humano, não é de religião. O que temos de fazer é educar a mediunidade para tirarmos proveito dessa ferramenta que nos ofereceram e melhorar a sintonia com os desencarnados.

— É difícil, né, vô?

— Difícil, sim, mas não impossível. Precisamos deixar de lado o preconceito e começar a ver a vida de maneira mais feliz e mais cheia da luz de Deus. Não adianta ver demônios somente, mas entender que os ditos demônios são espíritos que ainda não atingiram um grau de evolução satisfatório e que por isso nos influenciam para o mal.

— Mas não é só culpa deles, né, vô?

— Claro que não! Na verdade não há culpados, o que existe é nível de evolução. Tanto os que influenciam quanto os que se deixam influenciar simplesmente agem de acordo com o seu nível de evolução.

Por isso é necessário, repito, que eduquemos a nossa mediunidade.

— Complicado de entender...

— O tempo vai fazer você entender direitinho; por enquanto o que vale é pensar cada vez mais em coisas boas, em coisas de amor.

— Amor?

— É, amor. O amor está no ar, é só questão de sintonizá-lo e evitar as interferências de outros tipos de pensamento.

— Será que esse povo vai entender?

— Não sei, cada pessoa tem seu momento, mas tenho certeza de que a humanidade caminha para melhor. Vamos caminhar também.

— Vamos, sim, vô.

Mediunidade gratuita[28]

(...) Mas a mediunidade não é nem uma arte, nem um talento; é por isso que ela não pode tornar-se uma profissão; ela apenas existe com a participação dos espíritos; sem eles não há mediunidade; a aptidão pode continuar existindo, mas o exercício é falso, é nulo. Não há um único médium no mundo que possa garantir a obtenção de uma manifestação espírita e num determinado instante. Explorar a mediunidade é, portanto, dispor de algo que não se possui. Afirmar o contrário é enganar aquele que paga. Ainda há mais: não é de si mesmo que o explorador dispõe; é dos Espíritos, das almas dos mortos cuja cooperação se colocou à venda. Esta ideia causa repugnância. Foi esse

---

28. *O Evangelho Segundo o Espiritismo*, cap. 26 – Dai gratuitamente o que recebeste gratuitamente. São Paulo: Petit, 2013.

tráfico, comprovado pelo abuso, explorado pelos impostores, pela ignorância, pela crendice e pela superstição, que motivou a proibição de Moisés[29]. O Espiritismo moderno, compreendendo a seriedade da questão, lançou sobre seus exploradores o descrédito, elevando a mediunidade à categoria de missão.

---

29. No tempo de Moisés a consulta aos Espíritos, embora largamente praticada, não tinha finalidade séria. A mediunidade, então conhecida como profecia, era comercializada. Por qualquer motivo, consultavam os espíritos. A mediunidade era explorada por impostores, e foi isso que Moisés proibiu. Mas foi ele mesmo quem disse: "Quem dera que todo o povo do Senhor profetizasse" — isto é, fosse médium, dignificando assim a mediunidade. (Consulte Números, 11:26 a 29.)

Suicídio

— Oi, vô! — disse a netinha correndo pela sala.
— Oi, netinha. Chegou cedo hoje. Sua mãe tinha alguma reunião?
— Tinha, sim, vô. Parece que alguém morreu, e ela foi ao velório ou enterro, não sei muito bem.
— Ah...
— Tem gente que se mata? Por vontade própria, vô?
— Nossa... de onde você tirou essa pergunta?
— Me passou pela cabeça. Eu sempre quis saber, mas não gosto de perguntar sobre essas coisas. Mas agora achei que era interessante. As pessoas morrem de doença, de acidente, de velhice, de tudo. Então quero saber se elas podem se matar também...

O avô ficou matutando um pouco, afinal não era muito simples falar de suicídio, especialmente para uma pessoinha tão nova e tão cheia de vida. O que será que havia por trás disso?

O dia começava estranho, muito estranho...

— Se matam... e nunca ficamos sabendo exatamente por quê.

— O que acontece com eles depois?

— Varia muito. Cada caso é um caso. Não existem dois motivos iguais, não dá para ter um peso e uma medida.

— Mas...

— Entendo que é complicado, mas é mais complicado você me perguntar isso logo de manhã. A sua mãe falou alguma coisa?

— Não. Ela só disse que precisava ir porque tinha de dar uma força para a amiga dela. Mas me conta, vô, você chegou a ver alguém que fez isso?

— Vi, sim.

— Quando, vô?

— Eu era adolescente, trabalhava na Rua Formosa, embaixo do Viaduto do Chá, no centro da cidade de São Paulo.

— Como você se sentiu, vô?

— Muito mal. Eu não conseguia pensar direito no que tinha acontecido.

Nesse momento, toca a campainha. Hora de a criança ir para escola.

O avô ficou sozinho em seus pensamentos.

A lembrança do fato foi realmente muito intensa, as lembranças eram vívidas ainda, não estavam desbotadas pelo tempo; ao contrário, estavam com todas as cores. O Vale do Anhangabaú, o Viaduto do Chá, a Praça Ramos de Azevedo, a Rua Formosa, os pontos de ônibus próximos à Praça da Bandeira.

Mais ou menos às cinco horas da tarde, o tempo certo para pegar o ônibus e chegar ao colégio, uma verdadeira viagem do centro até o Jabaquara.

Quase embaixo do Viaduto do Chá, um barulho chama a atenção: uma pasta choca-se contra o asfalto, o barulho oco, rápido. Instintivamente, olha para cima, para ver quem tinha deixado cair a pasta. Talvez fosse melhor não ter olhado, o dono da pasta estava caindo também. Foram segundos de horror, o corpo se estatelou contra a Rua Formosa, que nesse momento não parecia tão formosa assim. O barulho, o horror e o medo de não saber exatamente o quê.

Não se demorou, correu para pegar o ônibus, não havia nada a fazer. O pessoal já estava aglomerado, a polícia já tomava conta da situação. Com certeza, o IML já estava a caminho. E o avô se dirigiu à escola.

Não contou para ninguém, aquilo era muito para a cabeça do adolescente. Só depois de muitos anos tocou no assunto com alguém, alguém que ele nem lembra. E agora a neta chega, e ele revê a cena na sua totalidade.

Algumas lições que o Espiritismo nos proporciona: não morremos e, portanto, os problemas não terminam com a morte do corpo físico.

Algumas lições que a vida nos oferece: a memória é curta, provavelmente as piores coisas que fizemos um dia serão esquecidas e nós continuaremos vivendo, apesar de tudo.

Outra coisa: as dívidas podem ser parceladas, os amores que se vão serão substituídos por outros, o mundo gira constantemente, o tempo nos ensina e... a vida é oportunidade que devemos pegar com todos os nossos sentidos, um presente de Deus.

A neta talvez não lembre mais da conversa, mas o avô ficou matutando.

— Por que, muitas vezes, não aguentamos?

O suicídio e a loucura[30]

(...) Para contrapor-se à ideia do suicídio, o espírita tem vários motivos: a certeza de uma vida futura, na qual ele sabe que será muito mais feliz quanto mais confiante e resignado tenha sido na Terra; a certeza de que, ao encurtar sua vida, alcançará um resultado completamente oposto daquele que esperava, porque liberta-se de um mal para entrar num outro pior, mais longo e mais terrível; que se engana ao acreditar que, por se matar, chegará mais rápido ao Céu, e, além de tudo, o suicídio também é um obstáculo para que ele se reúna às pessoas de sua afeição, que esperava reencontrar no outro mundo. Daí a consequência de que o suicídio, dando-lhe apenas decepções, está contra os seus interesses. É por estas

---

30. *O Evangelho Segundo o Espiritismo*, cap. 5 – Bem-aventurados os aflitos. São Paulo: Petit, 2013.

razões que o conhecimento da Doutrina Espírita já conseguiu impedir um grande número de suicídios. Pode-se concluir que, quando todos forem espíritas, não haverá mais suicídios conscientes. Comparando-se os resultados da doutrina materialista e da Doutrina Espírita, em relação ao suicídio, percebe-se que a lógica do materialismo conduz ao suicídio, enquanto a do Espiritismo o impede, o que é confirmado pela experiência.

Um *tablet*[31] chamado *Ipad*[32]

A CONSULTA COM a fonoaudióloga era às dez e meia da manhã. Eles — o vovô e a neta — estavam dentro do horário. Chegaram e foram para a recepção. Falaram com a recepcionista, avisando que haviam chegado. Ao lado estava um garotinho brincando com um *tablet*.

O avô comentou:

— Tão pequeno e já brincando com um *tablet*. Que beleza!

---

31. Equipamento de microinformática que pode ser usado para acessar internet, visualizar fotos e vídeos, ler livros, jornais e revistas e para entretenimento com jogos. (N.E.)

32. *Tablet* produzido pela empresa Apple Inc, cujo primeiro modelo foi lançado no ano de 2010. (N.E.)

O pequeno olhou com cara de poucos amigos e respondeu:

— Não é um *tablet*... é um *Ipad*.

A consternação foi geral. O avô disfarçou, deu um sorriso para a recepcionista e sentou-se na sala de espera com a neta, esperando a hora da consulta.

O consultório ficava numa região de classe média alta, o que não explicava a má-educação da criança e a forma como ele se "ofendeu" ao pensar que o seu *Ipad* havia sido confundido com um *tablet* qualquer...

"Isso", pensou o velhinho, "é causado pela falsa ideia de que o que temos é melhor do que o que o outro tem. Afinal de contas, como moramos num bairro melhorzinho, temos um carro melhorzinho, temos um emprego melhorzinho, temos um plano de saúde melhorzinho, podemos pagar uma escola melhorzinha, pensamos que somos melhorzinhos que os outros, infelizmente."

O pior não é isso, o pior é que transferimos a nossa maneira de pensar para os nossos filhos e netos. Isso quer dizer que estamos contribuindo para a origem de uma geração que pensa que tem tudo melhor que o outro, o que, graças a Deus, não é verdade.

Vejamos o primeiro erro: o *Ipad* é, sim, um *tablet*.

Os pais passam uma falsa ideia para os filhos de que eles possuem o melhor, mas o que eles têm mesmo é um *tablet*. De uma marca mais famosa, mas, ainda assim, um *tablet*. O mesmo formato que qualquer coreano, chinês, ou seja lá qual for a procedência do *tablet* do vizinho.

Isso quer dizer que *tablet* é o formato, igual a um tablete de chocolate, lembram? Um tablete de chocolate que nesses aparelhos não teve o formato nacionalizado.

Ainda que fosse melhor que todos os outros, isso também não justificaria a falta de educação para com alguém que só fez um comentário e, ainda por cima, bem-humorado e bem-intencionado.

Precisamos tomar cuidado para não passar para os nossos filhos a falsa ideia de que somos melhores, pois não somos. Temos as experiências de que necessitamos para esta encarnação. Temos o dinheiro que precisamos para levar a cabo a nossa programação. Temos as oportunidades que pedimos para levar a efeito os nossos projetos e os nossos compromissos.

As ideias que passamos aos nossos filhos farão deles o melhor ou o pior que eles poderão ser, pois quando passamos exemplos, dificilmente se libertarão deles. Quando algum garoto ou garota responde de maneira desaforada a simples comentário, quer dizer que ele já viu isso em casa e que ele está, simplesmente, imitando o modo de ver a vida que lhe foi mostrado.

O velhinho estava ainda pensando nisso, quando chegou a netinha para trazê-lo de volta à realidade. Estava na hora de ir embora.

Ao saírem, a netinha perguntou:

— Vô, aquilo era ou não era um *tablet*?

O avô nem titubeou:

— Claro que era. Um *tablet* chamado *Ipad*...

— Ah! — disse a netinha.

Utilidade providencial da riqueza. Provas da riqueza e da miséria[33]

(...) Se a riqueza é a fonte de muitos males, se provoca tantas más paixões e tantos crimes, não é a ela que devemos culpar, e sim ao homem que dela abusa, como abusa de todos os dons que Deus lhe dá. Esse abuso torna ruim o que lhe poderia ser útil. É a consequência do estado de inferioridade do mundo terreno. Se a riqueza devesse apenas produzir o mal, Deus não a colocaria na Terra; cabe ao homem fazer dela surgir o bem. Se ela não é um elemento direto do progresso moral, é, sem contestação, um poderoso elemento de progresso intelectual.

De fato, o homem tem por missão trabalhar para o melhoramento material da Terra; deve desbravá-la, prepará-la e saneá-la para um

---

33. *O Evangelho Segundo o Espiritismo*, cap. 16 — Não se pode servir a Deus e a Mamon. São Paulo: Petit, 2013.

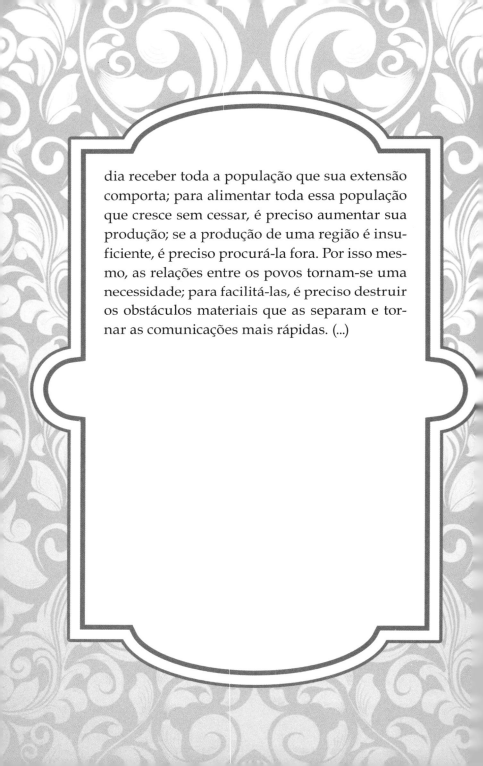

dia receber toda a população que sua extensão comporta; para alimentar toda essa população que cresce sem cessar, é preciso aumentar sua produção; se a produção de uma região é insuficiente, é preciso procurá-la fora. Por isso mesmo, as relações entre os povos tornam-se uma necessidade; para facilitá-las, é preciso destruir os obstáculos materiais que as separam e tornar as comunicações mais rápidas. (...)

Vô, "cê" deixa eu te ver?

A NETA CHEGOU bem pertinho do avô e disse quase sussurrando:
— Vô, "cê" deixa eu te ver?
O avô não conseguiu entender direito e pediu para que ela repetisse.
— "Cê" deixa eu te ver, vô?
— Agora, sim. Claro, estou aqui, é só olhar. Que tal?
— Não, vô, não é desse jeito.
— Então de que jeito é?
Ela ficou meio sem jeito e disse, quase que pedindo desculpas:
— Não é agora, mas olha, não quero que você pense errado... não quero que isso aconteça rápido.

— O que você não quer que aconteça rápido, netinha?

— Eu gostaria que você deixasse eu te ver depois que você morrer.

— Ah! Agora entendi. Mas por que a pergunta?

— Olha, vô, não quero mesmo que isso aconteça já, não fica chateado comigo.

— Eu sei que você não quer que isso aconteça, essa parte eu já entendi. O que perguntei é o porquê da pergunta.

— Vou te contar. Tenho uma amiga que vê o avô dela, e ele já está morto.

— Ela vê direitinho?

— Direitinho, vô, parece que ele está vivo pertinho dela, e eu queria saber se, só depois que você morrer, deixava eu vê-lo também.

— Interessante...

— O quê, vô?

— A sua amiga ver o avô desse jeito. Ela deve gostar muito dele e ter muita confiança.

— Ela gostava muito e ficou muito triste quando ele morreu, chorava muito e ficou quase deprimida, foi um custo para que ela entendesse.

— Olha que coisa boa! O avô teve permissão para visitar a netinha para que ela não ficasse muito triste.

— Então, eu ficaria muito melhor se você aparecesse assim, sem que eu precisasse ficar muito triste. Será que isso é possível?

— Veja só, no caso da sua amiga, os dois tiveram oportunidade e merecimento para que isso se processasse, pois não é tão comum a gente ficar vendo desencarnado a todo o momento.

— Ela não vê a todo o momento, só de vez em quando.

— Mesmo assim. É meio complicado, pois é necessário que o espírito que desencarnou já tenha superado os momentos mais críticos. Ficamos meio confusos quando chegamos do outro lado, precisamos ser amparados e, acima de tudo, nos situar em relação ao novo momento pelo qual estamos passando.

— Nossa, vô, isso é mais complicado do que eu imaginava.

— Não é de assustar, não, mas é preciso um pouco de tempo, pois as coisas não acontecem assim de repente.

— Mas ela vê mesmo, vô...

— Com certeza, e deve ter um motivo para que isso tenha acontecido. A tristeza dela explica a possibilidade, mas o importante mesmo é o grau de evolução do avô, que já teve permissão para vir e deixar a netinha mais contente e disposta.

— Ela fala que ele era muito bacana e a tratava muito bem, desde pequenininha.

— Tenho certeza de que entre eles existe uma afinidade muito grande e uma ligação construída em termos de amor e cooperação.

— Isso quer dizer que eles se gostavam de outras vidas?

— Com certeza. Reencarnamos, normalmente, junto das pessoas que amamos e, eventualmente, com as pessoas que não amamos tanto ainda...

— É mesmo, vô?

— É. Os que amamos para que os amemos mais ainda e os que não amamos para que possamos compreender e aceitar o grau de evolução de cada um, entendendo que cada um oferece só o que já tiver conquistado.

— O que isso quer dizer, vô?

— Quer dizer que devemos nos tratar sempre bem e procurar entender os que estão na nossa família, pois todos nós temos limitações e precisamos superar os mal-entendidos rapidamente.

— Por quê, vô?

— Porque, quando não superamos os mal-entendidos, os levamos para o outro lado, ficamos presos nessas pequenas coisas. Isso impede que caminhemos mais rapidamente em direção à nossa destinação final, que é nos transformarmos em espíritos puros.

— Nossa, vô! E como fica esse negócio de poder vê-lo depois da desencarnação?

— Ah... é verdade, estava esquecendo. Para que nos vejamos, deveremos ter autorização da espiritualidade, pois tem de haver um propósito maior do que simplesmente satisfazer aos nossos desejos. O amor é o grande instrumento para que a humanidade consiga todas as coisas.

— Mas eu te amo, vô...

— Claro que sim, e eu também te amo.

— Isso quer dizer que poderá acontecer?

— Poderá sim, basta que queiramos continuar nos vendo, mas aviso que é de vez em quando.

— Claro, tenho mais o que fazer!

— E eu espero que tenha também alguma coisa a fazer do outro lado.

— Quando eu estiver muito triste, você vem?

— Venho, mas o importante é que entendamos que não precisamos ficar tristes para vermos os nossos entes queridos, pelo contrário, quando estamos alegres a possibilidade é muito grande e proporcionamos momentos de muita felicidade para os de lá e os de cá.

— Tá bom. Quando eu estiver alegre, quero vê-lo também.

— Está bom, mas espero que isso demore. Afinal, este planeta é simplesmente maravilhoso, e adoro estar encarnado e aproveitando os benefícios que ele nos proporciona.

— Eu também, vô. Vamos tomar um chá?

— Chá para você e café para mim. Pode ser?

— Pode!

Limites da encarnação[34]

São Luís — Paris - 1859

(...) A encarnação não tem limites precisamente traçados, se nos referirmos ao envoltório material que constitui o corpo do Espírito. A materialidade desse envoltório diminui à medida que o Espírito se purifica. Em mundos mais avançados do que a Terra, ele já é menos denso, menos pesado e menos grosseiro e, por conseguinte, menos sujeito aos infortúnios da vida. Num grau mais elevado, é transparente e quase fluídico. De grau em grau, ele se desmaterializa e acaba por se confundir com o perispírito[35]. Dependendo do mundo no qual

---

34. *O Evangelho Segundo o Espiritismo*, cap. 4 — Ninguém pode ver o reino de Deus se não nascer de novo. São Paulo: Petit, 2013.

35. Perispírito: envoltório semimaterial que envolve o espírito. (N.E.)

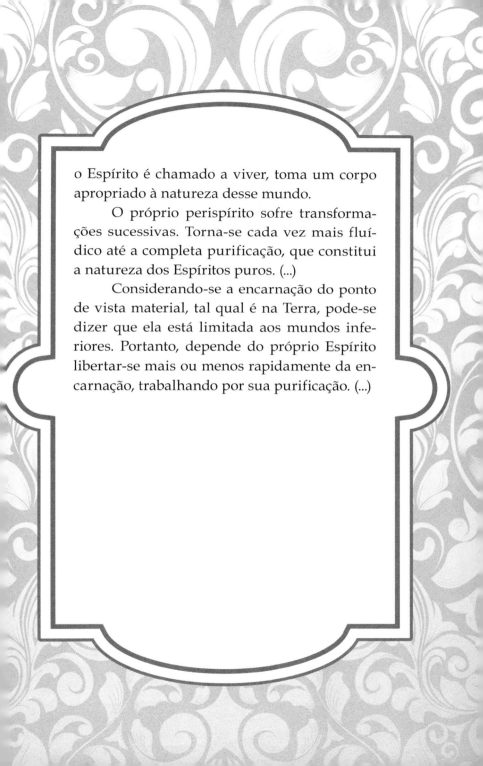

o Espírito é chamado a viver, toma um corpo apropriado à natureza desse mundo.

O próprio perispírito sofre transformações sucessivas. Torna-se cada vez mais fluídico até a completa purificação, que constitui a natureza dos Espíritos puros. (...)

Considerando-se a encarnação do ponto de vista material, tal qual é na Terra, pode-se dizer que ela está limitada aos mundos inferiores. Portanto, depende do próprio Espírito libertar-se mais ou menos rapidamente da encarnação, trabalhando por sua purificação. (...)

Xô, preconceito!

Eram quase seis horas da tarde quando as netas chegaram da escola e, como sempre, foi uma algazarra geral. Chegam sempre com muita vontade de liberar o que estava contido durante as aulas — o que é compreensível, afinal nessa idade o que queremos é simplesmente ser...

Chegaram, trocaram-se e foram fazer as lições de casa que cada uma tinha. De repente, uma delas chama:

— Vô, cadê você?

— Estou aqui na sala, o que é?

— Preciso te fazer uma pergunta.

— Estou indo.

Quando o avô chegou, ela cravou a pergunta, certeira, direta, sem rodeios:

— O que é preconceito?

O avô quase caiu duro; de onde saíra aquela pergunta?

— De onde você tirou isso?

— A minha professora falou que existe muito preconceito por aí, mas não explicou direito e eu queria saber.

— Bom, vamos ao dicionário. Pode pesquisar no livro ou mesmo na internet, você decide. Depois, me mostre o resultado da pesquisa.

Uma delas correu para pegar o dicionário que estava em cima do *rack*, outra acessou o "tio" Google para descobrir os dicionários online.

Passados alguns minutos, lá vieram as duas com as definições:

Preconceito: s.m. Opinião ou pensamento acerca de algo ou de alguém, cujo teor é construído a partir de análises sem fundamentos, ou preconcebidas sem conhecimento e/ou reflexão; prejulgamento.

Forma de pensamento na qual a pessoa chega a conclusões que entram em conflito com os fatos por tê-los prejulgado.

Repúdio demonstrado ou efetivado através de discriminação por grupos religiosos, pessoas, ideias;

pode-se referir também à sexualidade, à raça, à nacionalidade etc.; intolerância. Comportamento que demonstra esse repúdio. Convicção fundamentada em crenças ou superstições; cisma.

Etm. pré + conceito[36]

Depois de analisarmos o significado, chegamos à conclusão de que o preconceito é efetivado por aqueles que têm uma visão tacanha da vida, uma visão em que os demais são colocados sob suspeita, ficando apenas a opinião de quem forma o preconceito. Tudo o que seja diferente é visto com olhos desconfiados e, muitas vezes, colocado de lado, passando a ser discriminado.

— Nossa, vô, tem gente que é desse jeito mesmo?

— O pior é que tem e age em surdina, sem que muitas vezes percebamos.

— Onde a gente encontra essas pessoas, vô?

— Em qualquer esquina, em qualquer lugar, e também em instituições religiosas.

— Instituições religiosas?

— Isso mesmo. Igrejas, templos evangélicos e tantos outros segmentos que deveriam levar ao pé da letra o que Jesus nos disse e, no entanto, não o fazem.

---

36. Fonte: <http://www.dicio.com.br/preconceito/>. Acesso em: 27 jun. 2014. (N.E.)

— Vô, o que Jesus nos disse não foi que devemos amar a Deus e ao próximo?

— Isso mesmo, simples assim.

— E por que eles não levam isso em consideração?

— Muitos pensam que Deus é só deles e, como os outros não seguem a Igreja que eles seguem, os chamam de infiéis e que não terão a tal salvação.

— Nossa, vô, será que Deus é tão ruim assim?

— Com certeza, não. Deus nos criou para a felicidade e não liga muito para a religião que este ou aquele tem, afinal de contas Deus é um só e todas as religiões são dele e por ele. Os seres humanos é que fazem essa diferença.

— Muito esquisito isso.

— É mesmo, principalmente quando sabemos que Deus é pai de amor de todos nós e não faz a mínima diferença entre nós.

— Vô, nós somos espíritas. Tem preconceito no Espiritismo?

— Interessante isso. Assim como em todas as religiões, no Espiritismo temos pessoas que não conseguem aceitar as diferenças, que ainda não conseguem perceber que cada um é cada um e que não existem duas pessoas iguais, nem na forma nem no pensamento.

— O que isso quer dizer, vô?

— Quer dizer que, eventualmente, temos notícias sobre fatos desagradáveis ocorridos com amigos em centros espíritas também.

— Você pode contar algum desses "fatos desagradáveis", vô?

— Posso, mas não vou dizer onde nem com quem. É só uma conversa.

— Está bom.

— Um amigo, muito querido, disse que certa vez foi com uma camiseta cuja estampa era de um grupo de samba. O nome do grupo era "Pagode do Saci" e tinha como símbolo sabe o quê?

— Ora, vô, "Pagode do Saci" só podia ser um saci!

— Acertou e é óbvio, só que alguns não entenderam e acharam de muito mau gosto.

— Eles falaram assim, direto?

— Não, pois as coisas não são ditas assim, de forma direta. Tudo começa com uma brincadeira.

— Tipo *bullying*[37], vô?

— Isso mesmo, tipo *bullying*, só que com fundo preconceituoso e discriminatório, ou seja, não aceitaram a maneira como o meu amigo estava vestido, insinuando que aquela espécie de camiseta não seria

---

37. Situação que se caracteriza por agressões intencionais, verbais ou físicas, feitas de maneira repetitiva, por um ou mais alunos contra um ou mais colegas. O termo *bullying* tem origem na palavra inglesa bully, que significa valentão, brigão. Mesmo sem uma denominação em português, é entendido como ameaça, tirania, opressão, intimidação, humilhação e maltrato. Fonte: Revista Escola. Disponível em: <http://revistaescola.abril.com.br/formacao/bullying-escola-494973.shtml>. Acesso em: 27 jun. 2014, (N.E.)

adequada ao tipo de casa em que ele estava trabalhando. Um deles chegou a sugerir, em tom de brincadeira, se meu amigo não poderia usar a camiseta do avesso, pois assim não apareceria a figura que representava o grupo de pagode.

— Nossa, vô! Nunca pensei que isso pudesse acontecer.

— Eu também pensei que isso só acontecesse nos livros que o pessoal escreve, mas cheguei à conclusão de que, quando as pessoas são diferentes, seja na maneira de se expressar ou de se vestir, alguns realmente se incomodam e podem usar maneiras muito eficazes de deixá-las fora da vista das outras pessoas.

— Não acredito, vô.

— Alguns dirigentes, na hora de fazer a escala de trabalho, levam em consideração coisas que, normalmente, não interferem na mensagem que deverá ser passada para os assistidos.

— Que tipo de coisas, vô?

— Alguns pensam que as pessoas não podem rir nas exposições, então o expositor que faz a plateia rir pode ser discriminado, não ser escalado, ou ser escalado em horário com menor afluência de público, enfim, coisas que não são consideradas ruins, mas que não passam de preconceito e discriminação.

— Olha, vô, estou surpresa...

— Não se preocupe, pois, de maneira geral, todas as religiões são boas e atendem aos níveis de evolução em que cada um está. Infelizmente, alguns seres que se dizem humanos ainda pensam que só eles têm razão, e, por isso, não admitem que possam existir pessoas diferentes fazendo a mesma coisa que eles e cumprindo as tarefas dentro de seus limites.

— Isso vai acabar, vô?

— Um dia, com certeza. O planeta passa por um período de transição e, logo, será um planeta de regeneração. Nesse tipo de planeta não haverá lugar para pessoas assim. Elas serão atraídas para lugares que estarão de acordo com o seu nível de entendimento e evolução.

— Como assim, vô?

— Um planeta de regeneração tem como característica o predomínio do bem e o cumprimento da Lei de Deus, sendo assim só quem amar a Deus e ao próximo terá lugar nesse tipo de planeta.

— Espero ficar por aqui, vô. Por isso me esforço para não ser preconceituosa.

— Eu também espero ficar por aqui, netinha. Me esforço para não ser preconceituoso também, principalmente porque preconceito em instituições religiosas chega a ser imoral. Além de crime, é claro!

O MAIOR MANDAMENTO[38]

(...) *Amar o próximo como a si mesmo; fazer aos outros o que gostaríamos que fizessem por nós* é a expressão mais completa da caridade, pois resume todos os deveres em relação ao próximo. Não há guia mais seguro sobre isso do que ter como regra fazer aos outros o que desejamos para nós. Com que direito exigiremos de nossos semelhantes bom procedimento, indulgência, benevolência, dedicação, se não lhes damos isso? A prática desses ensinamentos morais orienta e conduz à destruição do egoísmo. Quando os homens as tomarem como regra de conduta e como base de suas instituições, entenderão a verdadeira fraternidade e farão reinar entre eles a paz e a justiça. Não haverá mais ódios nem desavenças e sim união, concórdia e benevolência mútua.

---

38. *O Evangelho Segundo o Espiritismo*, cap. 11 — Amar ao próximo como a si mesmo. São Paulo: Petit, 2013.

Pânico de uma pequena cidade, o que está acontecendo na Gruta das Orquídeas?

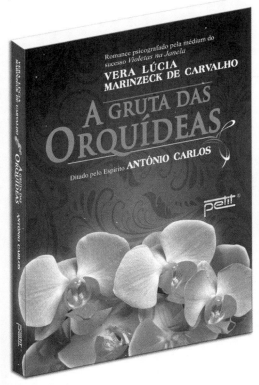

Desvende o mistério na companhia de Luck, um simpático detetive particular

No decorrer de um romance empolgante, no qual o mistério e o suspense andam abraçados, a vida de Nico, um rico fazendeiro, é abalada por atos criminosos atribuídos a um grupo que se reúne para cultuar o mal e praticar a magia negra. Para evitar o pior, Antônio Carlos e Mary tentam de tudo para ajudar a desvendar a trama... Qual o segredo da gruta das orquídeas?

Sucesso da Petit Editora!

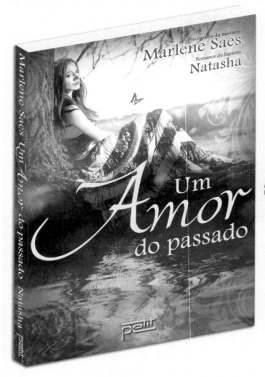

E se você reencontrasse seu amor de juventude?

Nossos atos desencadeiam ações que sequer imaginamos...

Na adolescência, Mariana engravida de seu primeiro amor, Renato, que some após receber a notícia. Joana, a mãe de Mariana, procura uma "fazedora de anjos" para interromper a gravidez da jovem. Anos depois, Renato reaparece e traz à tona o passado que tanto perturba Mariana.

Sucesso da Petit Editora!

Cartas vindas do outro plano da vida...

Escolhas que poderiam ter mudado o rumo da história da pessoa

Cartas de uma outra vida é uma obra para aqueles que reconhecem a vida como um presente de Deus. Neste livro, William Sanches nos apresenta lindas e emocionantes cartas vindas do outro plano da vida, excelentes exemplos que nos servem de aprendizados, pois por meio das experiências dos outros podemos refletir sobre a nossa própria vida e perceber o quanto somos abençoados pela oportunidade de corrigir erros do passado.

Sucesso da Petit Editora

Londres, século 19. Nos primórdios do Espiritismo, uma história envolvente.

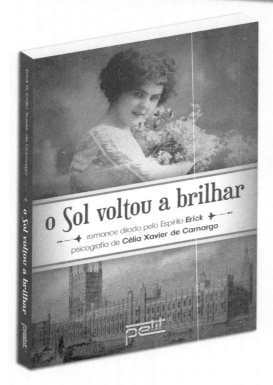

O amor cura tudo.

George, homem rico e respeitado, conhece o lado sombrio de Londres quando sai em busca de Helen, sua única filha. A jovem vai de encontro ao perigo – sob influência de um espírito perverso – e encontra-se às portas da morte. No entanto, o sol voltará a brilhar no horizonte de sua vida...

Sucesso da Petit Editora!

Romances inesquecíveis!

QUANDO O AMOR VENCE O ÓDIO

Em pleno império russo, o período era de servidão, nobres detinham todo o poder. Nesse cenário Dimitri, Igor, Catarina e Anna - os camponeses explorados - viverão sérios conflitos e terão de contar com a ajuda dos amigos espirituais para provar que de fato o amor pode vencer o ódio.

CREPÚSCULO DE OUTONO

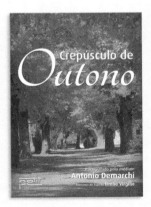

Numa noite de tempestade alguém invade a chácara do Dr. Augusto - que em pânico atira - e sem perceber tira a vida de um inocente. Sem saber o que fazer oculta o corpo, porém sua consciência não se cala. Do outro lado da vida, Demétrius e Irmão Virgílio vêm em socorro à vítima e auxiliar a Dr. Augusto para encontrar a melhor escolha e poder cumprir sua tarefa da melhor forma possível, após o lamentável incidente.

Sucessos da Petit Editora!

Livros da Patrícia

Best-seller

Violetas na janela
O livro espírita de maior sucesso dos últimos tempos – mais de 2 milhões de exemplares vendidos! Você também vai se emocionar com este livro incrível. Patrícia – que desencarnou aos 19 anos – escreve do outro lado da vida, desvendando os mistérios do mundo espiritual.

Vivendo no mundo dos espíritos
Depois de nos deslumbrar com *Violetas na janela*, Patrícia nos leva a conhecer um pouco mais do mundo dos espíritos, as colônias, os postos de socorro, o umbral e muito mais informações que descobrimos acompanhando-a nessa incrível viagem.

A casa do escritor
Patrícia, neste livro, leva-nos a conhecer uma colônia muito especial: A Casa do Escritor. Nesta colônia estudam espíritos que são preparados para, no futuro, serem médiuns ou escritores. Mostra-nos ainda a grande influência dos espíritos sobre os escritores.

O voo da gaivota
Nesta história, Patrícia nos mostra o triste destino daqueles que se envolvem no trágico mundo das drogas, do suicídio e dos vícios em geral. Retrata também o poder do amor em benefício dos que sofrem.

Leia e divulgue!
À venda nas boas livrarias espíritas e não espíritas

Psicografados por Vera Lúcia Marinzeck de Carvalho